小學生的
STEM科學研究室

化學篇
Chemistry for Curious Kids

琳·哈金斯-庫柏 Lynn Huggins-Cooper 著　艾力克斯·佛斯特 Alex Foster 繪

蕭秀姍 譯

商周教育館 52

小學生的 STEM 科學研究室：化學篇

作者──琳·哈金斯─庫柏（Lynn Huggins-Cooper）
譯者──蕭秀姍
企劃選書──羅珮芳
責任編輯──羅珮芳
版權──吳亭儀、江欣瑜
行銷業務──周佑潔、黃崇華、賴玉嵐
總編輯──黃靖卉
總經理──彭之琬
事業群總經理──黃淑貞

發行人──何飛鵬
法律顧問──元禾法律事務所王子文律師
出版──商周出版
台北市 104 民生東路二段 141 號 9 樓
電話：(02) 25007008・傳真：(02)25007759
發行──英屬蓋曼群島商家庭傳媒股份有限公司城邦分公司
台北市中山區民生東路二段 141 號 2 樓
書虫客服服務專線：02-25007718；25007719
服務時間：週一至週五上午 09:30-12:00；下午 13:30-17:00
24 小時傳真專線：02-25001990；25001991
劃撥帳號：19863813；戶名：書虫股份有限公司
讀者服務信箱：service@readingclub.com.tw
城邦讀書花園：www.cite.com.tw
香港發行所──城邦（香港）出版集團
香港灣仔駱克道 193 號東超商業中心 1F
電話：(852) 25086231・傳真：(852) 25789337
E-mail：hkcite@biznetvigator.com

馬新發行所──城邦（馬新）出版集團【Cite (M) Sdn Bhd】
41, Jalan Radin Anum, Bandar Baru Sri Petaling,
57000 Kuala Lumpur, Malaysia.
電話：(603) 90563833・傳真：(603) 90576622
Email: service@cite.com.my

封面設計──林曉涵
內頁排版──陳健美
印刷──韋懋實業有限公司
經銷──聯合發行股份有限公司
電話：(02)2917-8022・傳真：(02)2911-0053
地址：新北市 231 新店區寶橋路 235 巷 6 弄 6 號 2 樓

初版──2022 年 3 月 29 日初版
初版──2023 年 1 月 3 日初版 3.1 刷
定價──480 元
ISBN──978-626-318-158-8

國家圖書館出版品預行編目（CIP）資料

小學生的 STEM 科學研究室：化學篇／琳·哈金斯─庫
柏（Lynn Huggins-Cooper）著；蕭秀姍譯 . -- 初版 . -- 臺
北市：商周出版：英屬蓋曼群島商家庭傳媒股份有限公
司城邦分公司發行 , 2022.03
　　面；　公分 . --（商周教育館；52）
譯自：Chemistry for curious kids.
ISBN 978-626-318-158-8(平裝)

1.CST：化學 2.CST：科學教育 3.CST：初等教育

523.36　　　　　　　　　　　　　　111000682

線上版回函卡

目錄

神奇的化學世界.................4

CHAPTER 1：

物質的狀態.................7

固體.................8

液體.................10

氣體.................12

熔點.................14

沸點.................16

布朗運動.................18

元素.................20

化合物.................22

混合物.................24

CHAPTER 2：

化學積木.................27

原子.................28

分子.................30

聚合物.................32

同位素.................34

奈米粒子.................36

PH值.................38

酸.................40

鹼.................42

通用指示劑.................44

CHAPTER 3：

生命的化學.................47

水.................48

氧.................50

二氧化碳.................52

碳.................54

氮.................56

臭氧.................58

溫室氣體.................60

葉綠素.................62

蛋白質.................64

CHAPTER 4：

元素週期表.................66

非金屬.................68

鹵素.................70

鈍氣.................72

鹼金屬.................74

鹼土金屬.................76

過渡金屬.................78

類金屬.................80

鋼系和鑭系元素.................82

後過渡金屬.................84

CHAPTER 5：

實驗室.................87

本生燈.................88

溫度計.................90

試管、燒瓶、燒杯及滴管.................92

過濾器與過濾法.................94

蒸餾法.................96

層析法.................98

化學反應.................100

燃燒.................102

煙火.................104

CHAPTER 6：

我們周遭的化學物質.................107

空氣.................108

海水.................110

岩石.................112

礦物.................114

化石燃料：石油.................116

化石燃料：煤炭.................118

化石燃料：天然氣.................120

金屬.................122

合金.................124

詞彙表.................126

索引.................128

神奇的化學世界

化學研究的是組成世界的「材料」，也就是**物質**。所有物質都是建構自**原子**這個微小積木。化學就是在研究原子如何結合，以創造我們所知的萬物。

健康

化學與生活的眾多方面息息相關。比如，它可以幫助我們保持健康。每年都有許多藥物從化學研究中發展出來，而醫院所進行的許多檢驗也都採用化學方法。

化學應用

化學是工業很重要的一部分。因為有化學家持續的工作產出，新材料才會不斷出現。化學家一直在努力研究對環境友善的新布料及新塑膠等物品。甚至有些食物也由化學家研發，例如從真菌提煉成分製成的新式健康食品。

化學研究的領域很廣，主要可分為五大分支。

有機化學

有機化學研究的是內含碳原子的化學物質。生物生存所需的大多數化學物質，都是以碳元素為基礎。而有機指的就是與「生物體」有關。

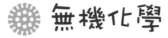

無機化學

無機化學研究的通常是與生物無關的化學物質。從地底下挖掘出來的岩石或**礦物**中，常可發現這些化學物質。目前許多的無機化學家正致力於研究應用在電腦與能源製造上的物質。

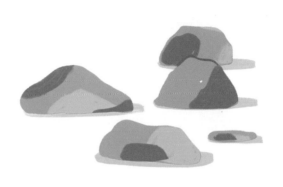

物理化學

物理化學研究的是原子如何結合，以創造出名為**分子**的原子團。物理化學家也會研究**化學反應**，也就是分子中的原子重新排列，並創造出新物質的過程。

生物化學

生物化學是在研究包括人類在內的生物體中所發生的化學反應。生物化學家研究細胞中的化學反應過程，並研發新的疾病治療法。

分析化學

分析化學在研究物質合成的方式，也就是如何鑑別、分離與量化（找出物質中某成分含量）樣本中的物質。分析化學家利用各式複雜儀器及實驗來了解各種物質。

處處是化學！

因此，日常生活處處是化學。從電腦到衣服到食物，我們認為理所當然的許多事物背後，都與化學息息相關。

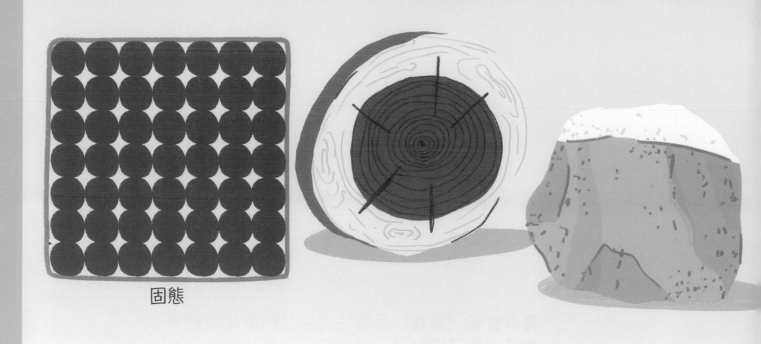

固態

液態

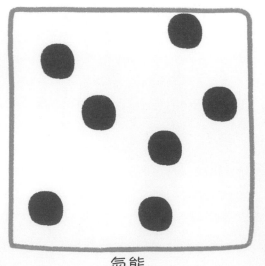

氣態

物質的狀態

世界上的物質主要分成4種狀態：

| 固體 | 液體 | 氣體 | 電漿 |

具有質量（重量）且會佔據空間的都是物質。
物質由原子與分子（鍵結的原子團）所構成。
數百萬的原子結合，形成我們日常所見所需的各種物品，
例如房屋、樹木、植物與動物，連你都是由原子所構成！

固體

你行走的地面是固體，你坐的椅子是固體，你裝食物的盤子是固體，你看的書也是固體——它們全都是固體。固體是你可以用手抓住的「硬」物。

液體

液體可以流動。液體的形狀不固定，會隨著容器而改變。你喝的果汁是液體。汗水、血液、牛奶與水，通通都是液體。

氣體

你所呼吸的空氣就是氣體。氣體分子間的距離，要比液體分子間的距離遠得多。氣體通常看不見，但有時可以聞到。氣體的形狀與體積不固定，會隨著容器而改變。

電漿

電漿通常不會被歸類到固體、液體或氣體裡。電漿與氣體很相似，但它的某些分子不太相同，這些分子在失去一些電子後會變成離子。電漿是相對近代才定義出來的科學名詞，是英國化學家威廉‧克魯克斯於1879年所提出。

改變狀態

物質的狀態有時會改變。物質的分子本身不會改變，但它們移動的方式會改變。水分子的結構是H_2O，有2個氫原子與1個氧原子。無論水是處在液體、固體（冰）或是氣體（水蒸氣）的狀態，H_2O這個結構都不會改變，但它的物理狀態會改變。壓力與熱等能量介入時，物質的狀態就會改變。

水在室溫下是液體。水分子容易移動，所以水會滴落及流動。水結凍時會變成固體的冰。在固體的狀態下，水分子緊密結合，無法輕易移動。若把水加熱，水就會沸騰（就像在水壺中煮滾的水）變成氣態的水蒸氣。水蒸氣分子移動得更快，也更容易散布各處。

◆ 固體 ◆

我們如何確定某個東西是固體呢？
先試著回答以下問題：

● 它可以固定在一個地方嗎？

● 它會流動嗎？如果會，它就不是固體。

● 它會散布嗎？如果它會散布到空氣中，就不是固體。

● 它的體積會因擠壓而縮小嗎？固體的體積不會改變，若沒有溫度變化，固體的分子就無法移動到更靠近彼此。

別被鹽或砂之類的粉末狀物質搞混了，即使它們「被倒出來時看起來會像水那般地流動」，它們依然是固體。它們的每個小顆粒還是維持一樣的形狀及體積，所以是固體。

◆ 固態

分子具有動能時會振動，它們在振動時會彼此碰撞。固體中分子間的作用力會將分子緊密結合，所以分子只會在定點振動。它們不會四處移動，越過彼此。**電子**會移動，但原子會待在定點。

固體分子被牢牢限制在一個固定的原子排列中。它們已經沒有空間可以移動，因此無法再被擠壓。能夠結合分子的強大作用力，讓分子彼此吸引，進而維持固態的形體。

固態

固體範例

固體具有各式各樣的質地,可以像毛皮及布料那樣柔軟,也可以像石頭或木頭那樣堅硬。
固體能像海岸邊的懸崖般巨大,也能像沙子般微小。

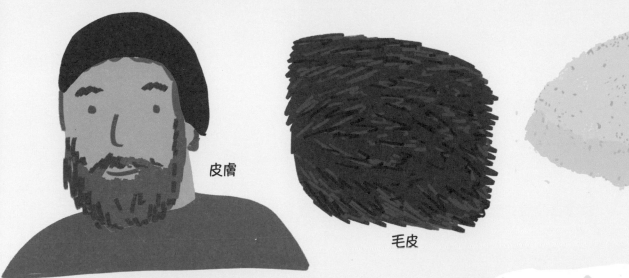

皮膚

毛皮

沙子

布料

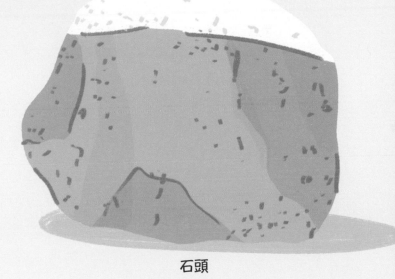

石頭

木頭

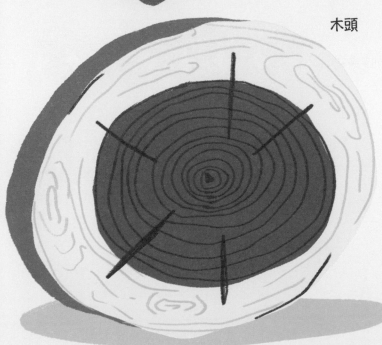

分子間作用力

所有物質都有作用在分子上的力,這種力可以將分子結合或拉開。我們稱這股力為分子間作用力。

固體分子被鎖在一起。液體的凝聚力(黏著力)會將分子聚在一起,而氣體分子則會擴散開來。

液體

我們每天都會接觸到液體。我們會喝水和果汁,我們會洗衣服跟洗碗,我們也會洗澡。我們的汽車需要汽油。我們也用油來炸食物。現在來想想看這些液體的特性:

- 液體可以從一個容器倒到另一個容器裡。

- 液體倒到不同的容器中,就會有不同的形狀。

- 你難以用手抓住液體,它會從你的指縫間流走。

運動

上述肉眼可見的特性,都是由肉眼所看不見的特性所產生。液體中的分子與原子即便結合得夠緊密,卻還是能自由移動。這些粒子以隨機的方式排列,還會繞著彼此移動,使得液體能夠流動。這也是為什麼液體倒入不同的容器中,就會呈現不同的形狀。

液體的**體積**是固定的,但形狀不固定。**重力**造成液體的形狀會因容器的形狀不同而改變。但液體不容易被壓縮,因為液體中的粒子彼此間仍具有一定的緊密度。

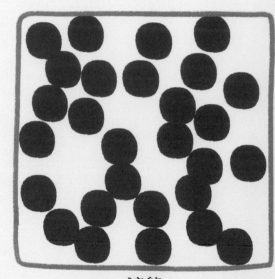

液態

黏滯性

科學家會探討液體的黏滯性。水的黏滯性低,所以能夠自由流動。焦油是既濃稠又具有黏性的液體,流動緩慢,看起來幾乎就像固體,因此焦油具有高黏滯性。

10

凝聚力

大部分的液體都具有強大的凝聚（黏著）力，可以將分子聚集在一起。你在浴室裡就能觀察到凝聚力的作用！水落在磁磚或玻璃這類光滑平面時，就會形成水滴，因為凝聚力阻止了水分子擴散。

水從水龍頭滴下時，凝聚力也會發揮作用。它將水聚集在一起，直到水滴因過重而形成經典的「水滴」狀落下。

表面張力

凝聚力還會造成表面張力。表面張力就好像水的「皮膚」，但它並不是真正的皮膚，只是力在作用而已。水分子表面的力以不同的方式作用，形成了表面張力。液體內的分子會被其他分子往四面八方拉張。

而位於表面的分子則會被往下拉，造成擠壓。於是水的表面就變得像有層皮膚般具有彈性。正是因為有表面張力，水黽及水蜘蛛才能在水面上行走！

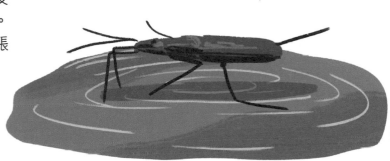

液體的應用

液體的用途廣泛。它可以作為溶劑，用來溶解物質。含有溶解物質的液體就稱為溶液。顏料與大部分的膠水都含有溶劑。溶劑非常不穩定，很容易揮發到空氣中，因此我們必須在通風良好的場所使用這類東西。

液體也可以當作潤滑劑。它們可以用於引擎、變速箱與機械中。

液壓系統使用液體來傳輸動力。這種系統會透過液壓泵加壓油，推動液壓缸內的活塞來驅動機械。

液體還可作為冷卻劑。因為液體可以流動，所以液體可透過流經整個機器來移除過多的熱。水和乙二醇是常見的引擎冷卻劑。

化學新鮮事

地球上甚至還有一種叫做岩漿的液態岩石！岩漿存在於地球深處，火山爆發時，岩漿就會流出地球表面。

冰箱、冷氣機與暖氣系統，會利用液體將熱從一個地方搬運到另一個地方。就連我們的身體也會利用汗（液體）蒸發來保持涼爽。

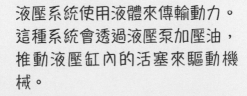

氣體

我們的四周都是氣體，我們呼吸的空氣也是氣體！
大氣就是環繞地球的一層氣體。

打開汽水罐時聽到的嘶嘶聲是什麼？那是被壓力限制住的氣體散逸的聲音。打開香檳的軟木塞時會聽到啵的一聲，也是基於同樣的原理。

氣態

電漿

恆星與閃電中都存在著電漿。電漿與氣體相似，但它的某些分子不太相同，這些分子失去部分電子後會變成離子。電漿是宇宙中數量最多的物質。

氣體的應用

醫生在醫院中也會使用氣體，例如動手術時使用氧化亞氮氣體讓病人睡著。潛水夫在水中也會使用氧氣筒來呼吸（氧氣筒中含有氧氣、氮氣及氦氣）。

流動

氣體粒子極為分散,會隨機分布在空間中。氣體粒子各自獨立,而且彼此之間的吸引力微弱,它們會快速地往四面八方移動。

結果就是無論容器有多大,氣體粒子都會流動至完全充滿整個容器,並且均勻散布在整個容器中。

氣體移動的方式

你是否曾經看過火焰所冒出的煙?或是從鍋中向上冒出的水蒸氣?這都說明了氣體是如何移動。氣體會像液體般流動,也會散布或擴散開來。這就是為什麼煙與水蒸氣會讓人覺得「消失」在空中的緣故。

氣體的密度低,黏滯性也低。

壓縮

氣體可以壓縮,因為氣體粒子很分散,還有空間可移動。

壓力

氣體粒子碰撞到容器的壁面時會產生壓力。若是溫度升高,造成粒子移動得更快速,碰撞容器壁面的頻率更高,壓力就會增加。

如果裝有氣體的容器空間變小,粒子就會更容易碰撞到容器壁面,並因此增加壓力。氣體的重量可以對任何位在它下方的物體產生壓力,在行星上這就稱為氣壓。

改變狀態

就像其他物質狀態一樣,氣體也可以改變狀態。若溫度夠低,氣體就會凝結形成液體。若溫度再降更低,它甚至可能直接經由「凝華」的過程變成固體。凝華作用讓空氣中的水氣冷卻,直接變成固態的冰,這就是冬天草地為何會結霜的原因。

化學新鮮事

那蒸氣又是什麼?蒸氣是指在室溫下通常呈液態的氣體,例如水(H_2O)。水蒸氣就是處在氣體狀態的水。

熔點

物質的熔點就是它從固態變成液態的那個溫度。
熱會影響粒子間的鍵結，造成物質的狀態改變。

 ## 流動

溫度上升時，分子會有較多的能量。分
子會開始更快速移動，並且快速獲得足
夠的能量掙脫固體的結構，也會變得更
能夠流動。這時物質的狀態已經改變，
從固體融化成液體了。

 ## 融化的冰

由純水所凝結的冰的熔點為攝氏0度。若在水中加入鹽、糖之類的其他物
質，熔點就會降低，這就是冬天時要在結冰的路面上撒鹽的原因。

不同的熔點

每個元素都各有熔點，但有些元素的熔點要比其他元素高出許多。有些物質在室溫（大約是攝氏18度）下是液體，例如橄欖油。

元素鎵（Ga）是種用於製造電子產品的軟質銀色金屬。鎵在攝氏29度的低溫就會融化，所以只要用手心的熱度就能將它融化。

熔點與冰點

有趣的是，物質的固體熔點與其液體冰點是一樣的。想一想，這的確合理！

物質的熔點

水（H₂O）：攝氏0度

巧克力：攝氏35度

磷（P）：攝氏44度

蜂蠟：攝氏64度

鉛（Pb）：攝氏327度

鐵（Fe）：攝氏1,538度

沸點

沸點是指物質沸騰時的溫度，
而沸騰是指物質達到快速氣化的階段，也就是從液態轉變成氣態。
從液體變成氣體的過程稱為蒸發。
這時分子被加熱到一個振動快速，
且彼此鍵結弱化到可以逃脫形成氣體的點。

水

純水的沸點是攝氏100度。你是否曾看過水壺裡的水沸騰，水蒸氣從壺嘴冒出來的情形？水沸騰時記得關掉爐火，請小心不要燙傷。

氣壓

液體的沸點取決於周遭的氣壓，是不是很神奇呢！氣壓高時，沸點會升高；相反地，氣壓低時，沸點會降低。在世界第二高峰喬戈里峰，或第一高峰聖母峰等高山山頂，氣壓會比較低。聖母峰的海拔高度為8,848公尺，那裡的空氣「稀薄」，氣壓也比海平面低了許多，因此水在攝氏70度就會沸騰。這讓「快」泡杯茶或咖啡來慶祝登頂，有了新的含意！

加入其他物質

在液體中加入其他物質，會改變液體的沸點。舉例來說，在水中加入鹽或糖，會改變水的沸點。

化學新鮮事

蒸發是液體變成氣體的一種過程，它只發生在液體表面。蒸發不需要高溫或達到沸點就能發生。想一想地上的水坑，在水坑表面的水分子會與空氣接觸，陽光普照時，水坑很快就會乾掉。這表示液態的水已經變成了水蒸氣。

布朗運動

布朗運動是指液體或氣體中粒子的隨機運動，
這種運動是液體或氣體中快速移動的原子或分子所造成。
蘇格蘭植物學家羅勃特‧布朗在1827年發現了這個現象，
而這個現象就以他的姓氏來命名。
當時布朗正在研究一株新發現植物的生命週期。

粒子運動

布朗在顯微鏡下看見植物的花粉懸浮在水中，出現了他稱為「快速振盪運動」的現象。那些粒子看起來就像有生命似的。布朗開始觀察其他無生命物質的粒子，像是煙霧的粒子，此外更著名的是，懸浮在液體中的埃及人面獅身像岩石粒子。

碰撞

1905年，物理學家愛因斯坦建立出布朗運動的理論。愛因斯坦解釋，液體與氣體中的粒子會隨機移動，是因為它們受到其他移動中的粒子持續碰撞。

愛因斯坦指出，花粉粒子會在水中移動，是因為受到各個水分子推移，這也證明了原子與分子確實存在。

擴散

氣味正是透過布朗運動擴散出去。受到碰撞的粒子，讓氣味散布到周圍的空氣中——比方說，尿味！

 ## 奈米科技

近幾年來，研究學者試圖尋找方法，利用布朗運動發展**奈米科技**。

日本科學家已經證明，布朗運動可將訊息轉換成能量。他們希望有朝一日可以做出能夠自行供電的智慧型設備（例如手機）。

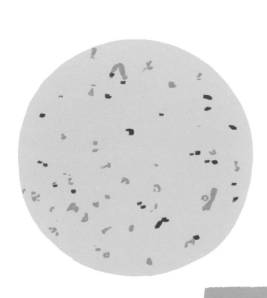

化學元素是只含有一種原子的物質，
如果一個物質中有超過一種原子，它就是化合物。
元素就是指無法用一般化學程序再拆解成更小物質的任何物質。

元素是建構所有物質的積木，
並且都具有固態、液態及氣態三種狀態，
不過大多數的元素在室溫下都是固體。
只有11種元素在室溫下是氣態（鈍氣再加上氫 [H]、氧 [O]、氮 [N]、氟 [F]、氯 [Cl]），另外還有2種元素在室溫下是液態（溴 [Br] 和汞 [Hg]）。

◎ 元素序號

今日已知的化學元素有118種。其中只有92種是在自然界中發現，最後發現的自然元素是鈾（U），於1789年發現。剩下的元素則是實驗合成的。第一個人造元素是鎝（Tc），於1937年合成。

◎ 元素週期表

科學家在週期表上依序排列化學元素。化學元素在週期表上的位置，可以讓我們知道它們的性質。這些元素都有著全球通用的化學符號。無論科學家身在何處，使用什麼語言，他們都使用同樣的化學符號！這些符號大多來自元素的拉丁文名稱。

金——元素符號Au來自金的拉丁文：aurum
銀——元素符號Ag來自銀的拉丁文：argentum
鉛——元素符號Pb來自鉛的拉丁文：plumbum
鈉——元素符號Na來自鈉的拉丁文：natrium

1 H																	2 He
3 Li	4 Be											5 B	6 C	7 N	8 O	9 F	10 Ne
11 Na	12 Mg											13 Al	14 Si	15 P	16 S	17 Cl	18 Ar
19 K	20 Ca	21 Sc	22 Ti	23 V	24 Cr	25 Mn	26 Fe	27 Co	28 Ni	29 Cu	30 Zn	31 Ga	32 Ge	33 As	34 Se	35 Br	36 Kr
37 Rb	38 Sr	39 Y	40 Zr	41 Nb	42 Mo	43 Tc	44 Ru	45 Rh	46 Pd	47 Ag	48 Cd	49 In	50 Sn	51 Sb	52 Te	53 I	54 Xe
55 Cs	56 Ba	57-71	72 Hf	73 Ta	74 W	75 Re	76 Os	77 Ir	78 Pt	79 Au	80 Hg	81 Tl	82 Pb	83 Bi	84 Po	85 At	86 Rn
87 Fr	88 Ra	89-103	104 Rf	105 Db	106 Sg	107 Bh	108 Hs	109 Mt	110 Ds	111 Rg	112 Cn	113 Nh	114 Fl	115 Mc	116 Lv	117 Ts	118 Og

		57 La	58 Ce	59 Pr	60 Nd	61 Pm	62 Sm	63 Eu	64 Gd	65 Tb	66 Dy	67 Ho	68 Er	69 Tm	70 Yb	71 Lu
		89 Ac	90 Th	91 Pa	92 U	93 Np	94 Pu	95 Am	96 Cm	97 Bk	98 Cf	99 Es	100 Fm	101 Md	102 No	103 Lr

◎ 原子序

一個元素的原子序，指的是它原子內的**質子**數量。元素的原子序會影響它在週期表上的位置。氫（H）是表上的第一個元素，它的原子序是1，因為它有1個質子。金（Au）的原子序是79，因為金原子裡有79個質子。

◎ 性質

週期表上的元素是根據性質分成不同的族群。鈍氣就是其中一族。氦（He）、氙（Xe）、氖（Ne）、氡（Rn）和氬（Ar）都歸類到鈍氣。

◎ 古代的想法

大約從西元前450年開始的2,000年間，歐洲人認為元素就是土、空氣、火與水。到了中古世紀，**煉金術士**增加了硫（可燃燒）與汞（會揮發）這兩種不同的新元素。1500年代又增加了鹽（固態）這個第三個新元素。

化學新鮮事

氫（H）是最輕的元素，也是宇宙中含量最豐富的元素。

西元1661年，英國化學家波以耳以能夠結合產生其他物質的微小粒子（我們今天稱為原子）為基礎，提出了新的元素模型。

西元1789年，法國化學家拉瓦節觀察物質可能的結合與分解方式後，發表了第一份以波以耳定義為基礎的元素物質表。拉瓦節的第一份表中列出了33種元素，其中有23種目前也仍被認定是元素。

化合物

化學化合物是由不同化學元素的原子所形成的化學物質。

由原子鍵結形成的化學化合物，
會像單一物質那般作用，
並具有自己的性質，
但化合物的性質也可能會與形成它的原子性質不同！
鹽，或稱為氯化鈉（NaCl），就是一個很好的例子。

 鹽

鹽是由1個鈉原子與1個氯原子所組成。鈉（Na）是一種遇水會燃燒的金屬，而氯（Cl）是一種有毒氣體，但等比例合成後，就變成我們可以安全調味食物的鹽了！

 水

水（H_2O）也是化合物，它是由氫原子及氧原子所構成。水有2個氫原子（H）及1個氧原子（O）。

周遭的化合物

世界上有許許多多的化合物，且可能多達6,100萬種！每天在實驗室工作的科學家發現了越來越多的化合物。甚至還能將幾種化合物結合，創造出新的化合物。

研究

化學家致力於研發新興藥物、清潔劑與黏著劑，以及更多用品。企業也會雇用科學家研發新的化合物，改良產品。

鍵結

化合物一旦形成，就難以拆解。它們不像混合物只是物理上的結合，輕易就能拆解。化合物形成時，就會產生化學鍵結，形成一個全新的物質。

混合物

在化學中，混合物是指內含2種以上元素或化合物的物質。混合物可能是固體，也可能是液體或是氣體。混合物與化合物不同，因為混合物中結合的物質不是經由化學反應形成，所以沒有形成新的分子鍵結。混合物中的各別成分仍然保有自己原先的性質。

混合物可以運用**過濾**、**蒸發**與**蒸餾**等物理方式（請參考第94至97頁）來分離其中的成分。舉例來說，海水可以透過蒸發的方式分離出2種主要成分：水（H_2O）與鹽（氯化鈉$NaCl$）。海水中還含有其他的化合物。

海水

海水是就一種溶液。物質溶解在另一種物質中，就會產生溶液。

將糖攪入熱水中直到溶解，也可以形成溶液。

溶液

溶液中包含了溶質（溶解的物質）與溶劑（讓溶質溶解在其中的物質）。

溶液被認為是均勻的混合物。這表示所有物質都平均分布在溶液中。海水中的溶質是鹽，溶劑是水。

懸浮液

懸浮液也是混合物。泥漿就是泥沙混水所形成的懸浮液。泥沙不會溶解，只會漂浮在水中。

泥漿是不均勻的混合物，裡頭的物質並未均勻分布。

攪拌不均勻的混合物靜置一段時間後，就會有一些固體沉澱在容器底部。可以用過濾的方式，分離出這些固體粒子。

混合物

固體也可以是混合物。大多數的土壤與岩石都是由不同物質形成的混合物。

液體也可以是混合物，比如沙拉醬就是油與其他液體混合形成的乳狀物。過了一段時間，沙拉醬就會產生油水分離的現象，所以使用前得先搖一搖，讓裡頭的成分再重新混合。

混合氣體

氣體也可以是混合物，例如我們呼吸的空氣，就是由氮、氧及其他氣體混合形成。

要將混合的氣體分離非常困難，因為氣體粒子過小，無法用物理方法分離。分離氣體的方法之一，是找出可讓其中一種氣體溶解的溶劑，再從溶液中取出氣體。

膠體

你喜歡喝牛奶，或是將牛奶加到玉米片中嗎？無論你信不信，牛奶也是種混合物，一種膠體。牛奶是一種不均勻的混合物，有微小的液態奶油粒子懸浮在水中。膠體中的粒子不會因為時間久了就沉澱，可以持續懸浮著。

合金

合金是不同金屬的混合物。混合金屬的性質，會與原先的個別金屬不同。舉例來說，將鎳（Ni）或鉻（Cr）加到鋼中，鋼就成了不鏽鋼了。

化學積木

我們住在由「物質」所構成的宇宙中。任何有質量（以公斤或磅等等單位量測）的物質，都在空間中佔有一定的體積（大小）。

物質是由原子與分子這類微小粒子所構成。微小的粒子結合形成萬物。原子就像積木般，可以結合形成各式各樣的物質。分子是由2個以上的原子構成，並經由化學鍵結合為一體。聚合物是大分子物質，由較小的分子結合組成。

 ## 原子之外

科學家在20世紀初期第一次了解到原子時，認為原子就是所有物質的基礎，但他們錯了。

瑞士天文學家弗里茨‧茲威基在1930年代開始主張，宇宙有部分是由完全不同的其他物質所構成。

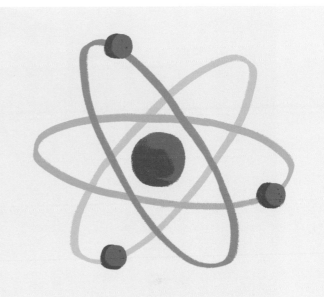

 ## 暗物質

科學家認為宇宙也含有暗物質這種不同形式的物質。暗物質看不見，它無法吸收、反射或發出光，難怪它會叫「暗」物質！科學家仍在努力找出暗物質是什麼，以及它如何作用。

正常物質不會因為它是「正常的」就很無聊！

微小的原子組成了你可以看見及碰觸的各種東西。這是不是很神奇呢？

原子

原子是可以結合構成宇宙中所有一般物質的積木。
原子非常小，甚至比針尖還小得多，
得用非常強大的顯微鏡才看得到原子。
人體中大約有7,000,000,000,000,000,000,000,000,000（7×10^{27}）個原子！

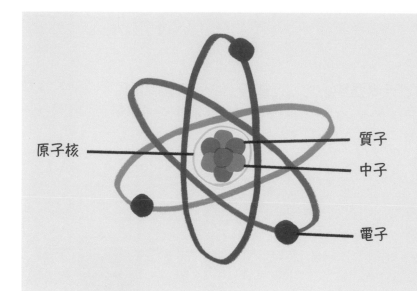

原子核 —— 質子
中子
電子

原子是由電子、質子與中子這些更小的粒子所構成。

在原子的中心有原子核，原子核是由帶正電的質子，與不帶電的中子所構成。帶負電的電子會受到質子吸引，因為它們彼此具有相反的電荷。電子會繞著原子核在小小的軌道上轉圈，就像人造衛星繞著地球轉動一樣。

元素週期表

1 H								
3 Li	4 Be							
11 Na	12 Mg							
19 K	20 Ca	21 Sc	22 Ti	23 V	24 Cr	25 Mn	26 Fe	27 Co
37 Rb	38 Sr	39 Y	40 Zr	41 Nb	42 Mo	43 Tc	44 Ru	45 Rh
55 Cs	56 Ba	57-71	72 Hf	73 Ta	74 W	75 Re	76 Os	77 Ir
87 Fr	88 Ra	89-103	104 Rf	105 Db	106 Sg	107 Bh	108 Hs	109 Mt

57 La	58 Ce	59 Pr	60 Nd	61 Pm	62 Sm	63 Eu
89 Ac	90 Th	91 Pa	92 U	93 Np	94 Pu	95 Am

每一種元素都是由某種類型的原子所構成。原子中的質子數量,決定了它會形成什麼樣的元素。質子數量決定了元素的「原子序」。

接下來讓我們來看看**元素週期表**吧!週期表上的元素是依照原子序排列。原子核中帶有1個質子的原子是氫 (H)。原子核中帶有2個質子的原子是氦 (He)。你可以在週期表上找到氫及氦這兩個元素嗎?

化學就是在研究元素中的電子如何與其他原子配對,或讓原子共用電子。電子有時會完全轉移到其他原子上而創造出離子,也就是產生出帶電荷的原子或分子。

							2
							He

			5	6	7	8	9	10
			B	C	N	O	F	Ne

			13	14	15	16	17	18
			Al	Si	P	S	Cl	Ar

28	29	30	31	32	33	34	35	36
Ni	Cu	Zn	Ga	Ge	As	Se	Br	Kr

46	47	48	49	50	51	52	53	54
Pd	Ag	Cd	In	Sn	Sb	Te	I	Xe

78	79	80	81	82	83	84	85	86
Pt	Au	Hg	Tl	Pb	Bi	Po	At	Rn

110	111	112	113	114	115	116	117	118
Ds	Rg	Cn	Nh	Fl	Mc	Lv	Ts	Og

64	65	66	67	68	69	70	71
Gd	Tb	Dy	Ho	Er	Tm	Yb	Lu

96	97	98	99	100	101	102	103
Cm	Bk	Cf	Es	Fm	Md	No	Lr

分子

分子是由2個以上的原子經由化學鍵結所結合形成。
分子是具有某物質特性的該物質的最小「單位」。

水的化學式是H_2O，
這表示一個水分子中有2個氫原子與1個氧原子。
單純將氫與氧兩種氣體混合，
並不會產生水蒸氣，
這兩種原子要產生化學鍵結才會形成水。

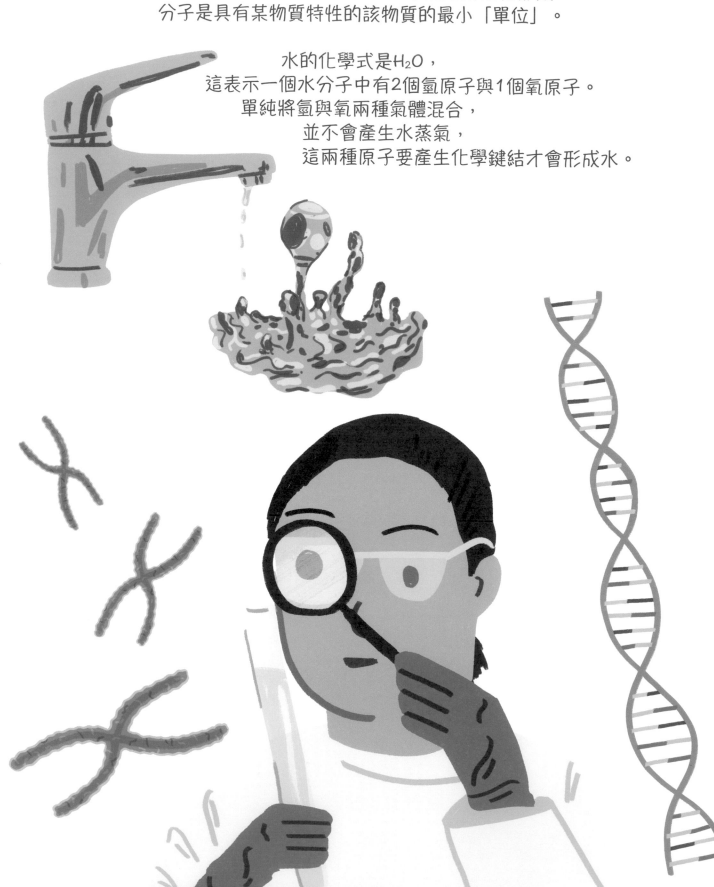

鍵結

原子共享電子時，就會形成鍵結。電子出現在原子的外層中。原子結合（例如結合形成水分子）時，各個原子就會共用可分享的電子。如此就會形成鍵結，讓原子結合在一起。

人體內有長串的分子鏈，
那就是DNA！
它是由數十億個原子所組成的聚合物，
分成DNA雙股螺旋（像是螺旋梯）中的
2條分子鏈。

染色體是由DNA與蛋白質所組成微小長條結構，
它位在細胞核之中。
染色體極其微小，只能用顯微鏡觀看。
染色體內帶有資訊。
所有的生命都帶有自己獨一無二的資訊，
當然你也是哦！

聚合物

你喝過塑膠瓶裝水嗎？或在購物時用過塑膠袋嗎？
你穿過尼龍毛絨衣或雨衣嗎？或曾在紙上寫過字嗎？
如果有，那你對聚合物肯定不陌生。

有些聚合物在大自然中就能找到。纖維素就是一種
可以在植物細胞壁中找到的聚合物，它能幫助植
物站得直挺挺的。木頭、紙張與棉花中都含有纖維
素。纖維素是大麻與棉花等植物之所以有纖維的緣
故。這些天然聚合物具有強度，讓我們可以將這些
纖維揉成堅韌的線來編織布料。

纖維素也存在我們所吃的食物的纖維
中，比如蔬菜中就有。我們無法消化纖
維，但纖維有助消化系統保持健康。

人工聚合物

人工聚合物是由稱為**單體**的較小分子，以重複模式排列形成的大型分子。

有些塑膠是從原油提煉製成，而這些原油又是從地下開採出來。原油被提煉與分解成單體後，就會用來製作塑膠聚合物。

聚合物可以製成堅硬的塑膠，也可以製成具有彈性或是軟質的塑膠，它們的差別取決於製成方式。

神奇的琥珀

琥珀是石化的樹脂，也是一種天然聚合物。它最初是黏稠的樹液，時間久了就會變硬。琥珀裡可以找到被困在其中的古老昆蟲，就像電影《侏羅紀公園》中的蚊子那樣。

在《侏羅紀公園》中，虛構的科學家從琥珀中的蚊子體內提取出恐龍的血液，以及能啟動一切生命的重要DNA——這在現實生活中是不可能發生的事！

同位素

同位素是指同種元素的不同原子，它們具有相同的質子數，
但中子數卻不同（有時會比較多，有時會比較少），
使得它們比一般原子更不穩定。
放射性同位素的原子會釋放能量或粒子，
造成原子中的質子數改變，
讓放射性同位素「衰變」成另一種不同的元素。
一般認為，暴露在這種稱為輻射的能量中會對人體造成傷害。
但放射性衰變這個特性，也讓同位素能運用在醫學上。

舉例來說，醫生會用鋇同位素來追蹤食物
通過腸道的過程，因為鋇在X光的照射下會
呈現白色，因此能協助醫生診斷與治療健
康問題。

鎝-99m是種顯影劑，可以透過注射或飲用
的方式進入患者體內。醫生透過鎝-99m在
身體中流動時所產生的輻射影像進行
追蹤，來確認器官的功能與骨骼
的生長情形。

這種用途的放射性同位
素衰變得很快，快到無法
對患者身體造成傷害。

 ## 放射治療

放射治療使用放射性同位素來治療癌症。這
種治療方式會破壞治療部位的組織分子，造成
DNA分子崩解，進而殺死癌細胞。這種療法可
能會讓患者產生不舒服的副作用，但它是對抗
癌症的重要工具。

危險！

同位素也可能非常危險！鈽239與鈾235可以用來製造核子武器，它可能是世界上最具毀滅性也最致命的武器。

單一游離中子撞擊到鈽或鈾這類放射性物質的原子核時，會產生核分裂。當這種情況發生時，它會再撞擊2~3個中子，造成中子從原子核中分裂出來，並釋放出能量。釋出的中子又去撞擊其他原子核，引發連鎖反應。於是有越來越多的能量被釋放出來，造成可怕的後果。

原子彈

1945年時，美國空軍在日本的廣島及長崎投下2顆原子彈，終結了二次世界大戰。

原子彈造成了嚴重傷亡，在廣島造成1萬8千人死亡，在長崎造成了5萬到10萬人死亡。

後續的幾十年當中，有更多人因為原子彈所產生的輻射而死亡。1950年左右，已經造成超過34萬人死亡。

全世界有許多人都認為核武太過危險，未來不應該再使用了。

奈米粒子

奈米科技是處理原子或分子層級事物的一門科學，也就是說要處理的是100奈米以下的事物。1奈米（nm）是0.000000001公尺。奈米的英文是「nanometer」，其中「nano」是指10億分之一，所以1奈米就是10億分之一公尺）。舉個例子讓你了解這究竟有多小，這大概就是頭髮寬度的2萬5千分之一那麼小。而你的指甲每秒會長1奈米，很神奇吧！

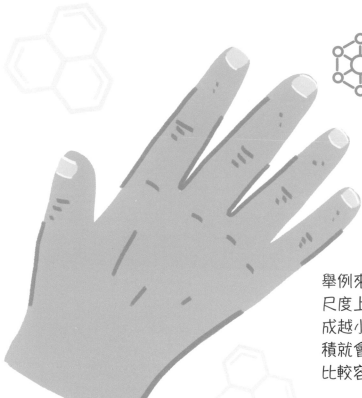

微小運動

奈米粒子非常微小，只能用電子顯微鏡才看得到。奈米粒子雖小，但用處極大！一個元素的奈米粒子跟同元素的較大型粒子，在作用上常有不同。

舉例來說，金通常不是**活性**大的元素。但在奈米尺度上，金卻非常具有化學活性。因為元素分割成越小的奈米粒子，與其他奈米粒子接觸的表面積就會越大，這使得在奈米尺度上的原子與分子比較容易移動，也更容易產生化學反應。

日常生活中的奈米粒子

日常生活中的許多領域都會應用到奈米粒子。防曬乳中常含有能阻擋陽光紫外線（UV）的氧化鋅或氧化鈦奈米粒子，所以防曬乳可以讓你避免曬傷！化妝品中也含有奈米粒子。

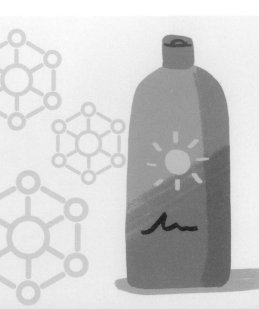

奈米鬚

有些物質含有「奈米鬚」，它指的是覆蓋在物品結構上，可以保持物品清潔的細小纖維。

奈米鬚可以用來協助製造防刮汽車保險桿，以及防腐漆這類產品。

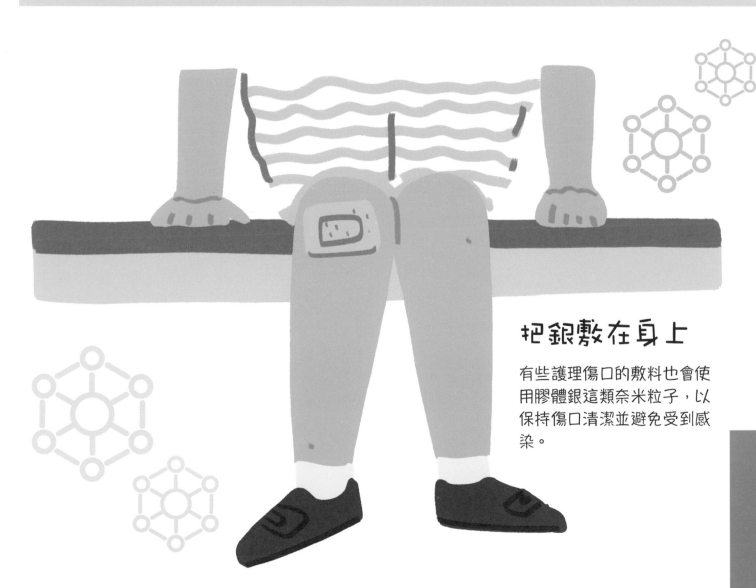

把銀敷在身上

有些護理傷口的敷料也會使用膠體銀這類奈米粒子，以保持傷口清潔並避免受到感染。

ph值

科學家以ph值（酸鹼值）來檢測溶液的酸鹼度。
ph值的範圍從0到14。0到7的低ph值是酸性。
數字越低就表示溶液越酸。
車用電池的酸度達ph0，
而檸檬的酸度大約為ph2。

測試……測試……

只有水溶液才能檢測出ph值，這表示酸鹼度只存在水中。植物油或純酒精這類液體是沒有ph值的。

鹼

ph值7到14的液體是鹼性的。數值越高代表鹼性越強。液狀的排水管清潔劑的ph值是14，漂白水是13。

石蕊試紙

有許多方法可以檢測ph值。使用石蕊試紙就是便宜又簡單的一種方法。將石蕊試紙的一端放入溶液中，試紙會變色來顯示液體的酸鹼度。若試紙變紅色，那液體就是酸性的；若是試紙變藍色，那液體就是鹼性的。

中性

若液體的ph值是7，它就是中性的。像蒸餾水就是中性的液體。

蒸餾水

？ 化學新鮮事

健康者的血液ph值大約是7.4，差不多是中性的！

舉例

pH值		舉例
14 →		液狀排水管清潔劑 (ph = 14)
13 →		漂白水、烤箱清潔劑 (ph = 13.5)
12 →		
11 →		 阿摩尼亞溶液 (ph = 10.5～11.5)
10 →		
9 →		泡打粉 (ph = 9.5)
8 →		海水 (ph = 8)
7 → 中性		血液 (ph = 7.4)
6 →		牛奶、尿液、唾液 (ph = 6.3～6.6)
5 →		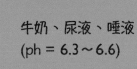 黑咖啡 (ph = 5)
4 →		
3 →		 葡萄柚汁、汽水、番茄汁 (ph = 2.5～3.5)
2 →		檸檬汁、醋 (ph = 2)
1 →		
0 →		 電池酸、鹽酸 (ph = 0)

鹼性 ↑

酸性 ↓

酸

酸是ph值低的化學物質，其ph值小於7。
酸很危險，強酸甚至會嚴重腐蝕皮膚，使用上要非常小心。

 ## 氫的威力

所有的酸都含有氫。這就是為什麼「ph值」中有h這個代表氫的字母。酸溶入水中時，會失去一些氫（呈帶電原子或離子形式的氫）。強酸（ph值1~3）會馬上失去所有帶有正電的氫離子，這些離子可能會在強大的反應中與其他化學物質結合。弱酸（ph值4~6）則會保留一些氫離子。酸透過釋出的離子量告訴我們它的強度（power），這就是「ph值」中p這個字母所代表的意思！

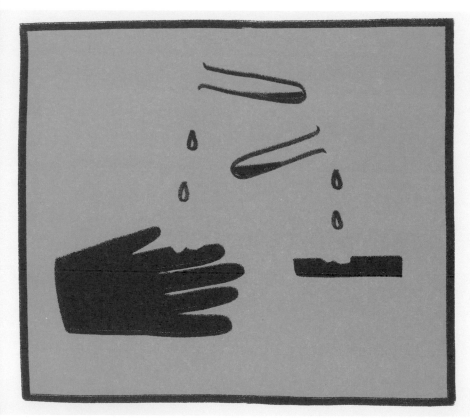

 ## 危險！

請務必記住，酸非常危險。使用任何酸性物質之前，務必先問過大人，也千萬別去碰觸任何上面標有警告標語的危險物品。

 ## 酸

- 會讓皮膚刺痛或受損
- 會讓石蕊試紙變紅色
- 會導電（電池中就有酸）
- 會腐蝕金屬
- 含有氫

化學新鮮事

甚至連人體中也有酸！DNA就是一種酸，它被稱為核酸。另外在消化系統中，也有鹽酸可以協助消化食物。

別靠近！

有些生物會製造酸來保護自己！像螞蟻會產生甲酸，
而有些章魚會產生酸性的黑色墨汁。

電池中
含有硫酸

醋中
含有醋酸

檸檬中
含有檸檬酸

優格中
含有乳酸

鹼

在「化學」上，酸的「相反」就是鹼。
鹼是一種可以接受其他物質中之氫離子的物質。
有些鹼比較弱，有些則比較強。
任何ph值大於7的溶液都是鹼。
鹼性物質溶於水中時就會產生鹼性溶液。
鹼可以加入酸來中和，讓ph值降到7。

 ## 危險！

鹼也是非常危險的，它同樣會腐蝕皮膚。沒有大人在場時，千萬不要碰觸任何化學物品，使用時也要做好皮膚與眼睛的防護。

鹼

- 像「肥皂」一樣滑滑的
- ph值越高，鹼度越強
- 可以食用的鹼可能會帶點苦味
- 易溶於水
- 會讓石蕊試紙變藍色
- 會導電

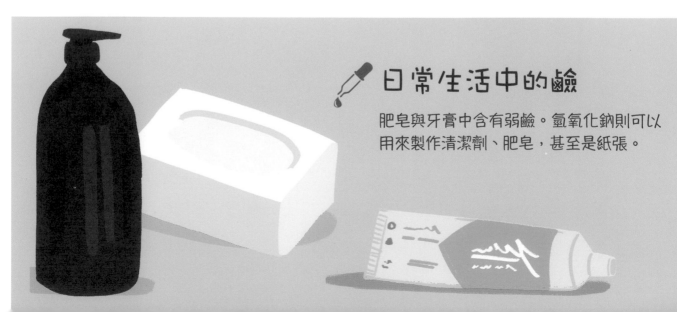

日常生活中的鹼

肥皂與牙膏中含有弱鹼。氫氧化鈉則可以用來製作清潔劑、肥皂，甚至是紙張。

有用的鹼

氫氧化鉀可用來降低土壤中的酸性，以利於植物生長。氫氧化鎂是消化不良時使用的藥物，可以降低胃酸。

漂白水

像漂白水與排水管清潔劑這類強力清潔產品都含有強鹼，會腐蝕皮膚。

化學新鮮事

鹼的其中一個英文名稱是「alkali」，這個字源自於阿拉伯文中的「quali」，意思是「來自灰燼」。傳統上製作肥皂時會用到灰燼，而大多數的清潔產品也都是鹼性的！

建築材料

建築材料中會使用到碳酸鈣，它就是生石灰。砂漿與水泥中都含有生石灰，它也是構成大理石與石灰岩的成分。

通用指示劑

通用指示劑可用來確認溶液的ph值。
通用指示劑有紙條或是溶液兩種形式。
它可以精準顯示0到14的ph值。
通用指示劑是由不同物質巧妙混合製成，
可以在不同的pH值下產生不同的顏色。

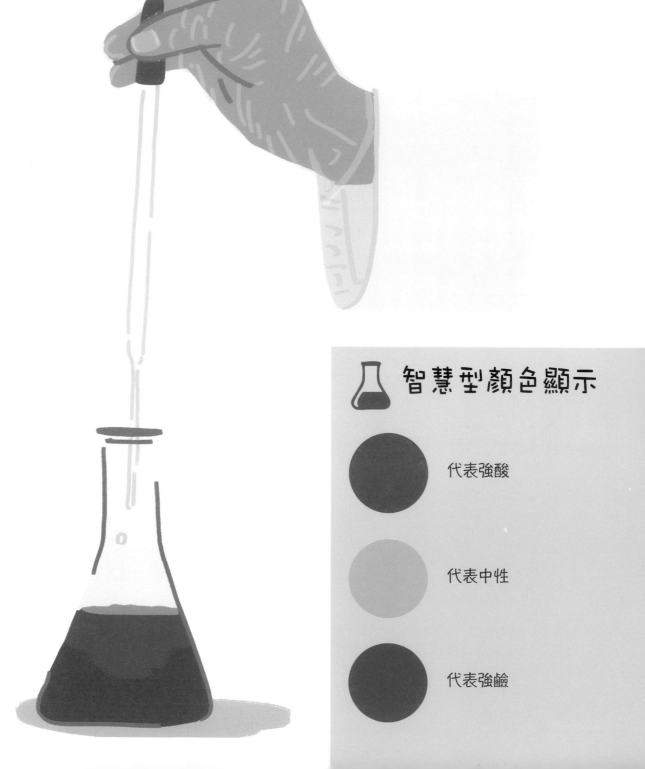

智慧型顏色顯示

● 代表強酸

● 代表中性

● 代表強鹼

顏色說明書

購買商用通用指示紙或溶液時，會附上一張顏色說明書，告訴你不同的顏色代表什麼意思。說明書上的顏色表讓你可以進行比對，「讀取」結果。

化學新鮮事

紫甘藍汁含有的色素就是一種天然通用指示劑！輕輕鬆鬆就可以自己動手製作，你可以用它來檢測廚房中的飲料以及浴室中的洗手乳，確認它們的ph值。

將紫甘藍切碎，放到水中加熱沸騰幾分鐘。接著等到它完全冷卻後，濾出汁液。將紫甘藍汁裝到幾個瓶子中，並將各種安全的液體滴幾滴入瓶中，就可以測試液體的酸鹼值。

紫甘藍通用指示劑

0　1　2　3　4　5　6　7　8　9　10　11　12　13　14

← 酸性 ━━━ ph值 ━━━ 鹼性 →

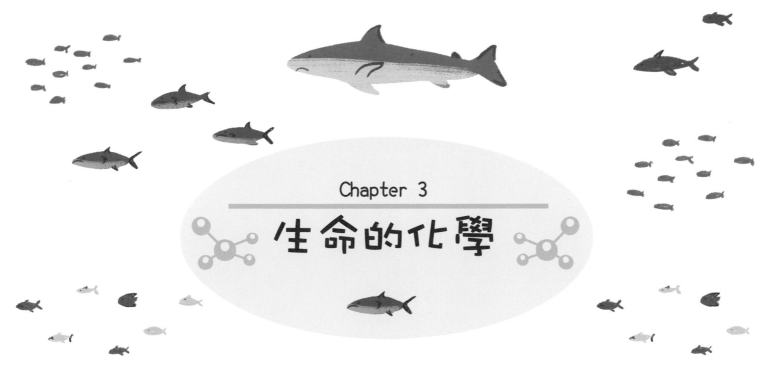

Chapter 3

生命的化學

所有生物都仰賴化學物質及化學反應才能生存。
植物、人類及其他動物都需要化學物質與化學過程來運作。
所有生物都是以碳為基礎，
這表示生物體內都含有碳原子。
樹木、植物與貓的體內都存有大量的碳，
甚至連你也是！
碳是全宇宙中第四常見的原子。

其他也被生物廣泛使用的化學物質還有氫、氧和氮。
硫與磷也是所有生物的關鍵組成物質。
生物體中進行的化學程序會利用這些化學物質
形成碳水化合物與蛋白質等，
這類我們生存、成長與維持健康所需的分子。

水

地球表面大部分都被水覆蓋，所以從太空中看
見的地球是藍色的。地球表面被海洋、湖泊與
河流覆蓋的區域達71%，是不是很驚人呢？

水無色無味。這可能讓水聽起來有些無趣，但
若你看過奔流的河川、磅礴的瀑布或狂暴的海
洋，你就知道水一點也不無趣！水以液體、氣
體與固體的形態存在於周遭四處。雨是落下來
的液體水滴，空氣中飄浮著看不見的氣體水蒸
氣，而南北極則有水凍結形成的固體冰。

💧 健康的水

沒有水，地球上就不會有生命，所有
生物都需要水才能生存。人體的組成
約60%是水。若水喝得不夠，你很快
就會感到疲倦，脾氣也會變得暴躁，
甚至還會生病。

水會攜帶重要的物質流經全身。人
體內的許多化學程序都需要用到水，
若你脫水了，這些程序就無法正常運
作。這對你本身與你的健康都是壞消
息！

你看過植物枯萎嗎？植物沒有水就無法正常運作，
枝葉因此下垂，最終就是乾枯死亡。

涼爽的水

水也可以調節地球的溫度。海洋會儲存太陽的熱,影響全球的溫度以及天氣系統。水也能幫人體降溫。我們覺得熱時就會流汗,汗中有90%是水分。當汗蒸發或變成看不見的氣體時,我們會感到涼爽。這是因為汗蒸發時會帶走我們身體所產生的熱。

水是由什麼所組成?

水是由微小的分子構成,每個水分子是由1個氧原子與2個氫原子鍵結形成。氫是宇宙中最輕也最常見的原子。氧是第三常見的原子。氧很容易就會與其他原子結合形成分子。

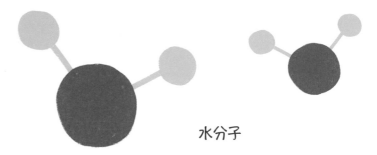

水分子

化學新鮮事

溫度非常低時,水會從液態變成固態的冰。若你看過冬天結凍的水坑,或是你喜歡吃冰棒跟冰淇淋的話,那你對冰就不陌生。但你知道冰的密度比水小嗎?這就是為什麼冰會浮在水上的原因!**密度**是在測量物質中分子的緊密程度。密度比水小的物質會浮在水面上,例如冰與浮板。

氧

沒有氧氣，我們就無法在地球上生存！
從小小的甲蟲到大大的鯨魚，
幾乎所有生物（包括人類）都需要氧氣才能生存。
沒有氧氣，我們就不能呼吸。

氧循環

空氣中大部分的氧氣是由植物製造。包括人類在內的動物會吸入氧氣，使用氧氣來運作體內的系統。

我們呼出二氧化碳，而植物則會吸收二氧化碳，並利用碳來製造糖分（養分）。然後植物會釋出氧氣，再次啟動這個循環。

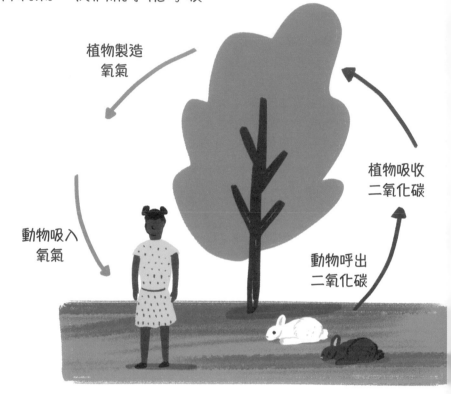

植物製造氧氣

植物吸收二氧化碳

動物吸入氧氣

動物呼出二氧化碳

O_2 深呼吸

所有動物都需要氧氣來**呼吸**。動物體內的每個細胞都需要氧氣來運作。動物吸入氧氣後，氧氣會與來自食物的葡萄糖反應產生能量。

呼吸是吸入氧氣以及用氧交換二氧化碳與水的過程，二氧化碳與水是身體產生的廢棄物。人類呼吸所需的氧氣會經由紅血球細胞運送到全身。

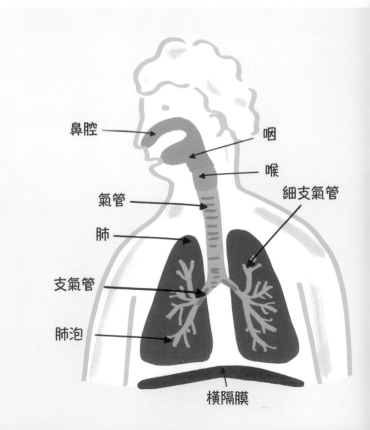

鼻腔

咽

喉

氣管

細支氣管

肺

支氣管

肺泡

橫隔膜

卡爾‧威廉‧席勒於1772年發現氧氣。他稱它為「火氣」，因為它是燃燒所需之物。科學家認為燃燒是一種氧化的化學反應。這個反應會釋放出熱、光與其他化學物質。

可燃物質與氧氣一起被加熱時，若是溫度高過物質的「燃點」，就會起火。火焰是火可見的部分。

火焰是由氧氣、氣體形式的水與二氧化碳所構成。火焰的顏色取決於所燃燒的物質與其中所含的任何雜質。火焰會呈現明豔的紅色、橙色、黃色、藍色等顏色！

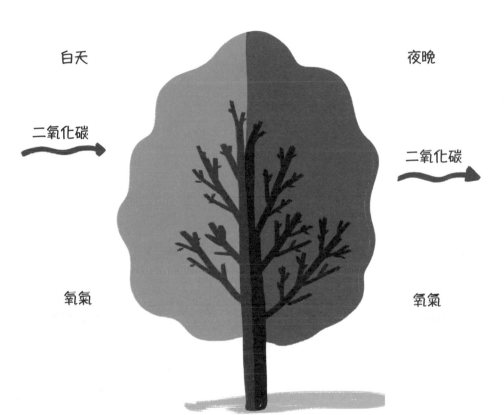

白天

二氧化碳

氧氣

夜晚

二氧化碳

氧氣

植物也會利用呼吸從糖類中產生成長與繁衍所需的能量，這些糖類是植物經由光合作用所產生。

天色昏暗時，植物不會進行需要陽光的光合作用，而是會呼吸。這表示植物會吸收氧氣並釋出二氧化碳。白天的陽光充足，植物進行光合作用的速度會快過呼吸的速度，就會釋出氧氣並吸收二氧化碳。

化學新鮮事

生活在水中的許多動物都可以使用鰓來吸收溶解在水中的氧。而像海豹與鱷魚這類水生動物所具有的呼吸器官則是肺，肺得從空氣中吸取氧氣，所以這類動物需要游出水面呼吸。

二氧化碳

你喜歡汽水嗎？
那些滿到玻璃杯緣並帶有汽水味的美味泡泡，
就是二氧化碳！

CO₂

不過地球上的二氧化碳遠比汽水多得多了。二氧化碳的**化學式**是CO₂，這代表每個二氧化碳分子是由1個碳原子2個氧原子所構成。這個常見的化學物質大約佔地球大氣的0.041%。

光合作用

樹木與植物進行**光合作用**（利用太陽的能量來產生養分，請參考第62頁）時，會吸收空氣中的二氧化碳。這是件好事，因為大氣中存在過多的二氧化碳，對地球來說可不太妙。

二氧化碳是**溫室氣體**（請參考第60至61頁），過多的二氧化碳會造成氣候變遷。植物與樹木白天會從空氣中吸收二氧化碳，但動物與人類會呼出二氧化碳。

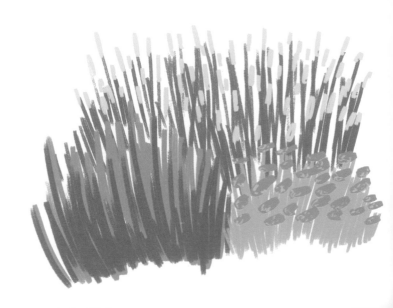

新鮮空氣

如果你在房間裡覺得悶，而且又昏昏沉沉的，那可能是因為有太多人在裡頭呼出二氧化碳了。二氧化碳是我們身體程序所製造出的廢物，所以你需要打開窗戶呼吸一些「新鮮」空氣！

化學新鮮事

二氧化碳的冰點很高，所以它可以凍成「乾冰」來保存，並且用於舞台表演！將乾冰放入溫暖的水中可以製造出煙霧。從乾冰中釋出的二氧化碳氣體非常冰冷，會讓空氣中的水凝結成水滴，形成我們看到的「煙霧」。

碳

碳是生命非常重要的元素,所有的有機化合物中都能找到碳。
有機化合物組成細胞,並執行生命所需的程序功能,
像是動物需要進食與消化食物或是呼吸。

碳循環

動物(包括人類)進食時,會吸收以蛋白質與碳水化合物形式存在的碳。動物細胞
中的氧氣與食物結合產生能量,讓動物得以活動或成長。這個過程所產生的廢物就是
碳,碳與氧結合產生二氧化碳,動物會在呼吸時將二氧化碳排放到大氣中。

碳原子持續在生物、大氣、海洋、土壤與地殼中循環移動,這就是所謂的碳循環。

鑽石

碳這種為數眾多的**元素**會以許多不同的形式呈現。它
可以是用於切割器械與訂婚戒指的超硬物質。鑽石結
晶體可以長成各式各樣的形狀,最常見的形狀就是所
謂的鑽石形。鑽石結晶體也可以是方型。這些結晶體
的結構都非常穩固,這也是為什麼鑽石這麼堅硬的原
因!

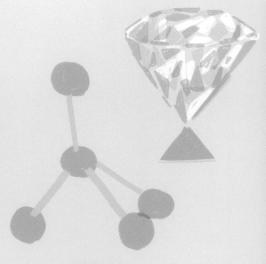

鑽石分子

石墨

碳也可以形成「石墨」這種光滑的電**導體**。石墨可以作為**潤滑劑**，讓像是機器零件的物體運作起來更順暢。石墨也可以用來畫畫，因為石墨在紙上摩擦時會留下痕跡。石墨具有排列成六角形的碳原子。

鉛筆芯是由石墨所構成

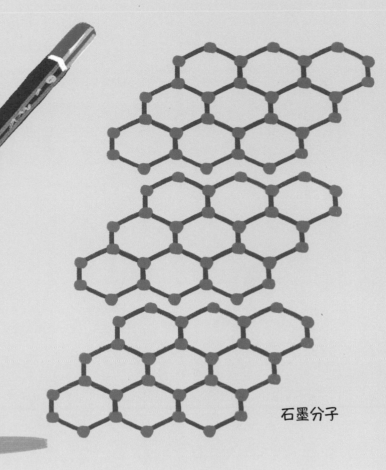

石墨分子

巴克明斯特富勒烯

碳還有一種形式是巴克明斯特富勒烯（C_{60}）。這是在1985年所發現的第一個**奈米粒子**。它們是由60個碳原子所組成，形狀像是中空的足球。

巴克明斯特富勒烯非常獨特，它是唯一由單一元素形成空心球狀「籠子」的分子。它的原子排列形成了12個五角形與20個六角形的組合。綽號「巴克球」的巴克明斯特富勒烯分子取名自美國發明家巴克明斯特‧富勒。富勒設計了許多網格圓頂建築，網格圓頂是可以承重的圓形結構。

C_{60}非常穩定，這意味著科學家們看到這個小小「籠子」的無限可能性。將巴克球應用在超強電池、癌症治療、火箭燃料與新型塑膠上的研究正在進行中。

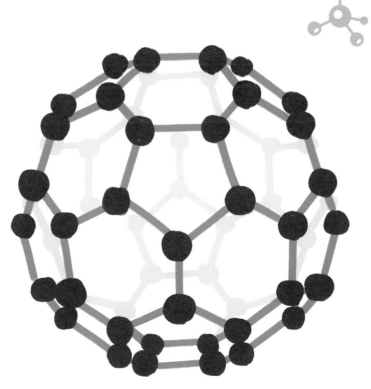

巴克球分子

氮

你認為氧是大氣中最主要的氣體嗎？
如果是的話，再想一下哦！
其實氮（N）才是，
無色無味的氮在我們呼吸的大氣中佔了78%，很令人驚訝吧！

葉綠素

西元1772年，丹尼爾·盧瑟福發現了氮。氮對生物體內所進行的許多程序都非常重要。在植物的**葉綠素**（請參考第62頁）中、在蛋白質與包括人類在內的動物DNA中，都能發現氮。

植物非常需要氮，所以我們會在土壤上撒氮肥，讓土壤變肥沃，為非常需要氮的植物提供養分。

不過這麼做有個缺點。人造氮化合物在下雨時會流入溪流及河川中產生污染，造成魚之類的水中生物中毒。

 ## 氣泡飲料

許多汽水與少數啤酒中所含的泡泡是二氧化碳，但多數啤酒中所含的泡泡都是氮氣！氮氣所產生的泡泡比二氧化碳要來得小，會讓某些啤酒的表面具有乳狀的滑順泡泡。

冷⋯⋯

食物包裝中會填充氮以排除氧，避免食物腐敗。有些會造成食物腐敗的微生物需要氧氣呼吸，而氮對它們毫無用處，所以氮可用來保持食物的新鮮度。氮也可以用來作為電腦的冷卻劑，防止電腦過熱。甚至用來治療疣的冷凍療法所使用的也是氮！

氮的力量！

氧化亞氮這個含氮化合物是醫院或牙科診所有時會用到的氣體。它能降低疼痛感，並讓因手術而焦慮的患者放鬆。氧化亞氮就是俗稱的「笑氣」，它會讓人發笑。這種氣體也可以用來增加賽車的引擎力度。

爆炸！

另一種氮基化合物「硝酸甘油」是種可以製造建築工業炸藥的液體。這種炸藥利用化學反應產生大爆炸來摧毀物體，可用於整地與爆破岩石。

化學新鮮事

泰坦是土星最大的衛星，它的大氣密度是地球大氣的4倍，而且氮在其中就佔了95%。

臭氧

你是否曾在打雷下雨時聞到一股刺鼻的電氣味？
這是臭氧（O₃）的氣味，臭氧由3個氧原子鍵結而成！
當電荷（這裡指的是雷電）穿過空氣，有時就會產生臭氧。

臭氧有優點也有缺點。生物體內沒有臭氧，但臭氧在保護生物上扮演著重要角色。臭氧是存在於地球大氣上層的一種氣體，可以保護地球免於受到陽光**紫外線**（UV）的傷害。少了臭氧，陸地上的生命就會受到傷害。

臭氧層

薄薄的臭氧層環繞在地球10~50公里的高空中。人類因為排放化學物質破壞了珍貴的臭氧層而帶來問題。最先被確認會破壞臭氧層的化學物質是氟氯碳化物（CFCs），它是用在髮膠及除臭劑等噴霧劑中的化學物質。目前全世界已經禁用氟氯碳化物產品，但其他的化學物質（包括汽車排放的氧化亞氮，請參考第57頁）仍會造成破壞。

會破壞臭氧層的化學物質在臭氧層中形成薄薄的斑塊，這些通常被稱為破洞的斑塊大小每年都在變化。危險的紫外線會穿過這些破洞，導致癌症、眼疾與其他健康問題。不過臭氧層似乎會進行自我修復，或許到了2170年就會完全恢復。

製造霧霾

臭氧出現在遠低於自然臭氧層的低層大氣
中時，就有可能造成極大的污染。汽車排
放的廢氣與陽光混合，就會在低層大氣中
產生臭氧。臭氧會在城市中產生霧霾，造
成呼吸道問題。所以，我們只需要出現在
正確位置的臭氧！

溫室氣體

像臭氧這類溫室氣體對生物有益也有害。
在地球大氣層中的溫室氣體會讓陽光穿過，
吸收其中的**紅外線輻射**並反射回地球，
不讓大氣中所有的熱都散失。
於是地球能夠一直保持溫暖，讓生物得以生存。

若一個星球的大氣中有太多的溫室氣體，這個星球就會變得過熱。這表示水無法一直保持在液態，而是會蒸發。這就是金星曾經發生過的情況！水是進行光合作用的重要成分，是地球所有生命的基礎。

主要的溫室氣體有：

二氧化碳　　　　　　甲烷　　　　　　　水蒸氣

臭氧　　　　　　　氧化亞氮

化石燃料

人類的作為造成大氣中的溫室氣體增加。燃燒煤炭、石油與天然氣這類化石燃料會產生溫室氣體。砍伐森林造成能吸收二氧化碳的樹木變少，同時也將樹木中儲存的碳釋放出來。

這樣會讓地球變熱，進而造成氣候變遷。全球暖化造成棲地產生變化，若動植物無法快速適應就會挨餓，甚至走上滅絕之路。

氣候變遷也會造成颱風與颶風等極端天氣形態，以及造成極地冰帽融化，使得海平面上升，並帶來洪水。

太陽光穿過溫室氣體，溫暖了地球。

外太空

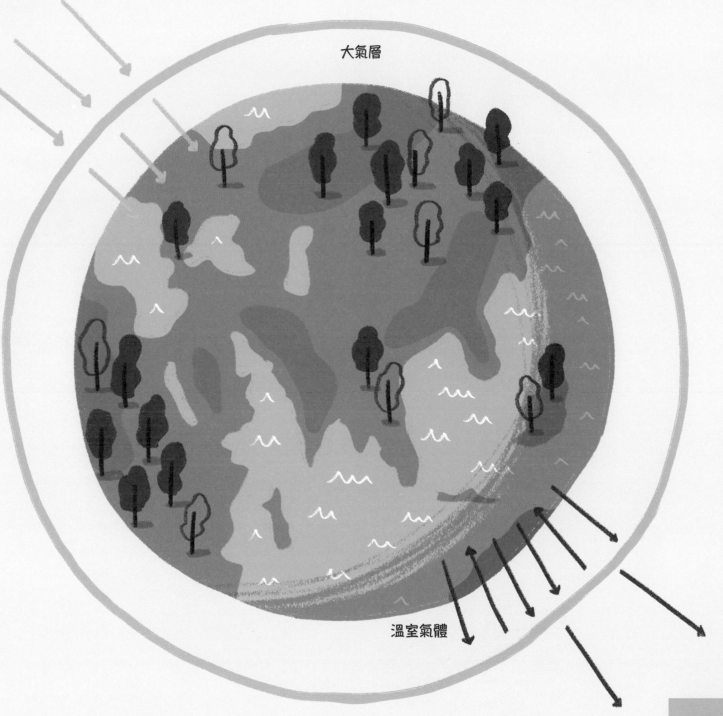

大氣層

溫室氣體

地球變熱並放出熱。有些熱會穿過溫室氣體散
出，但有些會被溫室氣體所阻擋，讓地球始終
保持溫暖。

葉綠素

葉綠素就像是綠色魔法！這個有機化合物存在於葉綠體中，
葉綠體是葉子裡的微小「工廠」。
葉綠體運用水、二氧化碳與陽光的能量，
製造出植物所需的養分，這種養分以葡萄糖的形式存在。
葉綠素是執行**光合作用**的關鍵，
也是葉子呈現綠色的原因！

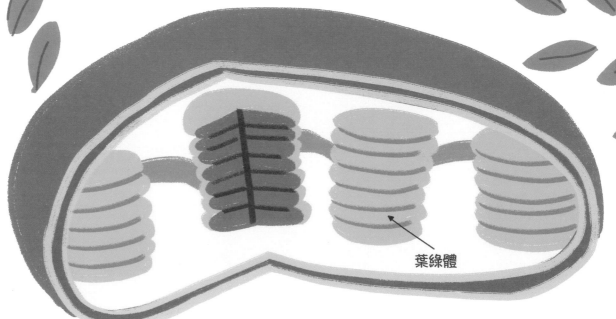

葉綠體

葉綠素

葉綠素是存在於葉綠體中的特殊**色素**。葉綠體可
以吸收光，並經由光合作用將光轉換成化學能
量。化學能量儲存在化合物的鍵結中，例如原子
與分子之間的鍵結。化學反應發生時，能量就會
被釋放。沒有光合作用，植物就無法生存。多數
食物鏈的底層都是植物，因此若是沒有葉綠素，
許多生物將難以找到食物。

食物鏈 　　　　　　植物 　　　　　　　　昆蟲

秋天的色調

葉綠素看起來是綠色的，因為它不會吸收綠色光波。綠色光波從植物身上反射出來，所以植物看起來是綠色的。影響葉子顏色的色素有3種：葉綠素、花青素（讓葉子變紅）與胡蘿蔔素（讓葉子變黃）。在冬天來臨之前氣溫就會下降，落葉樹木中的葉綠素會分解，造成葉子褪去綠色，產生顏色變化。這就是為何我們會看到樹木呈現鮮明的橙色、紅色與黃色！

動物吃掉植物與其他動物時，儲存在光合作用中的化學能量，就在食物鏈中向上移動。

老鼠

貓頭鷹

蛋白質

蛋白質構成了動物所有主要的結構組織（例如肌肉組織），
人類當然也包含在這裡所說的動物裡！
蛋白質是長串**聚合物**，它的分子就像是一條鏈子。
人體可以製造13種胺基酸（構成蛋白質的積木），
但有9種人體必需胺基酸是我們自己無法製造的。

我們經由吃下富含蛋白質的食物取得必需胺基酸。
完全蛋白質包含了我們需要的所有胺基酸。
乳製品、蛋、大豆、肉類與魚類都含有完全蛋白質。

而堅果、穀類、部分蔬菜與水果則含有不完全蛋白質。
素食者進食時要小心確認是否攝取到身體成長與修復所需的所有胺基酸。
一般認為蛋含有所有食物中質量最佳且最有用處的蛋白質。
有些食物中的蛋白質會讓某些人產生過敏反應，
比如小麥中的麩質。

人體中的蛋白質

纖維蛋白分子呈長鏈狀，它們聚集成束，並以不同的排列方式形成肌肉、指甲，甚至頭髮。構成頭髮、指甲與皮膚外層的蛋白質稱為角蛋白。除了水之外，人體內最常見的物質就是蛋白質了。

皮膚細胞

非常有用

蛋白質協助調節與維持生命程序，加速細胞中的**化學反應**。製造蛋白質的指令編碼在**基因**之中。人體內有一種蛋白質是血紅素。存在於紅血球中的血紅素含有鐵，會將氧氣運送到全身。

化學新鮮事

昆蟲含有大量的蛋白質，是富含營養的食物來源。有些昆蟲所含的蛋白質，比肉跟魚都還要來得多。

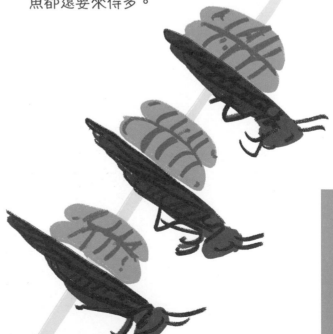

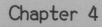

Chapter 4

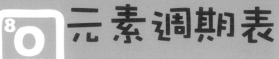

元素週期表

元素週期表是以原子序來將已知元素依序排列的列表。
它是由俄國化學家德米特里·伊凡諾維奇·門得列夫在1869年所發明。.

第一份元素週期表跟我們今天使用的不大相同，
在科學家們發現更多不同的元素及其性質後，
週期表也修改了數次。
科學家今日所使用的週期表與1900年代中期之後的週期表是一樣的。

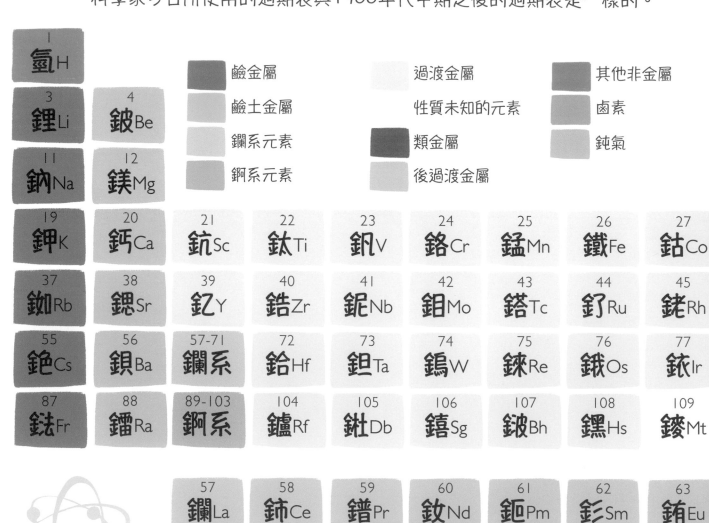

原子序

元素的原子序與元素原子內的質子數量是一樣的。週期表從原子序最小的元素開始，一直排列到原子序最大的元素。化學家會參考週期表來了解元素之間的模式與相關性。

週期表按週期來排列，每一橫列就是一個週期。從上到下的編號依序是1～7。第一週期中（表中最上面的那一列）的每個元素，都有1個電子**軌道**。第二週期中的每個元素，都有2個電子軌道，以此類推。

族

元素的「直行」稱為族。這些族從左到右的編號從依序是1～18。

編列在同一族的元素各自所含的電子，會以類似的方式排列。同一族的元素會有類似的作用，也具有類似的化學性質。這有助於化學家預測元素在某個特定情況下，會產生什麼樣的反應。

舉例來說，鎂（Mg）及鈣（Ca）都在第二直行，因此它們會具有某些共同性質。

化學新鮮事

釙是世界上最稀有的天然金屬，在地球任何時期的存量都只有幾克而已！

					2 氦He
5 硼B	6 碳C	7 氮N	8 氧O	9 氟F	10 氖Ne
13 鋁Al	14 矽Si	15 磷P	16 硫S	17 氯Cl	18 氬Ar

28 鎳Ni	29 銅Cu	30 鋅Zn	31 鎵Ga	32 鍺Ge	33 砷As	34 硒Se	35 溴Br	36 氪Kr
46 鈀Pd	47 銀Ag	48 鎘Cd	49 銦In	50 錫Sn	51 銻Sb	52 碲Te	53 碘I	54 氙Xe
78 鉑Pt	79 金Au	80 汞Hg	81 鉈Tl	82 鉛Pb	83 鉍Bi	84 釙Po	85 砈At	86 氡Rn
110 鐽Ds	111 錀Rg	112 鎶Cn	113 鉨Nh	114 鈇Fl	115 鏌Mc	116 鉝Lv	117 鿬Ts	118 鿫Og

64 釓Gd	65 鋱Tb	66 鏑Dy	67 鈥Ho	68 鉺Er	69 銩Tm	70 鐿Yb	71 鎦Lu
96 鋦Cm	97 鉳Bk	98 鉲Cf	99 鑀Es	100 鐨Fm	101 鍆Md	102 鍩No	103 鐒Lr

非金屬

非金屬元素在常溫常壓下通常是固體或氣體。
除了氫之外，非金屬都列在週期表的右上角。
它們具有類似的化學性質，它們的性質與金屬元素不同。

非金屬

1 H													5 B	6 C	7 N	8 O	9 F	H
3 Li	4 Be												13 Al	14 Si	15 P	16 S	17 Cl	
11 Na	12 Mg												31 Ga	32 Ge	33 As	34 Se	35 Br	
19 K	20 Ca	21 Sc	22 Ti	23 V	24 Cr	25 Mn	26 Fe	27 Co	28 Ni	29 Cu	30 Zn		49 In	50 Sn	51 Sb	52 Te	53 I	
37 Rb	38 Sr	39 Y	40 Zr	41 Nb	42 Mo	43 Tc	44 Ru	45 Rh	46 Pd	47 Ag	48 Cd		81 Tl	82 Pb	83 Bi	84 Po	85 At	
55 Cs	56 Ba	57-71	72 Hf	73 Ta	74 W	75 Re	76 Os	77 Ir	78 Pt	79 Au	80 Hg		113 Nh	114 Fl	115 Mc	116 Lv	117 Ts	
87 Fr	88 Ra	89-103	104 Rf	105 Db	106 Sg	107 Bh	108 Hs	109 Mt	110 Ds	111 Rg	112 Cn							

| 57 La | 58 Ce | 59 Pr | 60 Nd | 61 Pm | 62 Sm | 63 Eu | 64 Gd | 65 Tb | 66 Dy | 67 Ho | 68 Er | 69 Tm | 70 Yb | 71 Lu |
| 89 Ac | 90 Th | 91 Pa | 92 U | 93 Np | 94 Pu | 95 Am | 96 Cm | 97 Bk | 98 Cf | 99 Es | 100 Fm | 101 Md | 102 No | 103 Lr |

- 無光澤
- 導電性差
- 無延展性
- 易碎、固態時不易彎曲
- 良好的冷熱絕緣體
- 在反應過程中會獲得電子

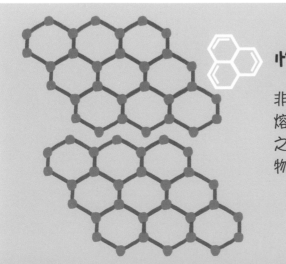

性質

非金屬的密度通常比金屬低，
熔點及沸點也比較低（除了碳
之外）。非金屬所形成的化合
物，也比金屬多得多了。

生物

生物幾乎完全是由非金屬構成。人體有65%是氧、18%是碳、10%是氫,以及3%是氮。

非金屬列表

編號	符號	元素
1	H	氫
2	He	氦
6	C	碳
7	N	氮
8	O	氧
9	F	氟
10	Ne	氖
15	P	磷
16	S	硫
17	Cl	氯
18	Ar	氬
34	Se	硒
35	Br	溴
36	Kr	氪
53	I	碘
54	Xe	氙
85	At	砈
86	Rn	氡
117	Ts	鿬
118	Og	鿫

化學新鮮事

氫與氦這兩種非金屬組成了宇宙中99%的一般物質。氮在地球大氣中佔78%,氧則佔了21%,這兩種氣體是地球大氣的主要成分。水則是由非金屬的氫及氧所構成。

鹵素

鹵素是在週期表中第十七族的元素。
鹵素的意思就是「變成鹽的東西」，
因為鹵素的原文halogen源自希臘文的hals及gen，
hals是「鹽」的意思，
而gen是「形成」的意思。

鹵素

1 H																	2 He
3 Li	4 Be											5 B	6 C	7 N	8 O	9 F	10 Ne
11 Na	12 Mg											13 Al	14 Si	15 P	16 S	17 Cl	18 Ar
19 K	20 Ca	21 Sc	22 Ti	23 V	24 Cr	25 Mn	26 Fe	27 Co	28 Ni	29 Cu	30 Zn	31 Ga	32 Ge	33 As	34 Se	35 Br	36 Kr
37 Rb	38 Sr	39 Y	40 Zr	41 Nb	42 Mo	43 Tc	44 Ru	45 Rh	46 Pd	47 Ag	48 Cd	49 In	50 Sn	51 Sb	52 Te	53 I	54 Xe
55 Cs	56 Ba	57-71	72 Hf	73 Ta	74 W	75 Re	76 Os	77 Ir	78 Pt	79 Au	80 Hg	81 Tl	82 Pb	83 Bi	84 Po	85 At	86 Rn
87 Fr	88 Ra	89-103	104 Rf	105 Db	106 Sg	107 Bh	108 Hs	109 Mt	110 Ds	111 Rg	112 Cn	113 Nh	114 Fl	115 Mc	116 Lv	117 Ts	118 Og

57 La	58 Ce	59 Pr	60 Nd	61 Pm	62 Sm	63 Eu	64 Gd	65 Tb	66 Dy	67 Ho	68 Er	69 Tm	70 Yb	71 Lu
89 Ac	90 Th	91 Pa	92 U	93 Np	94 Pu	95 Am	96 Cm	97 Bk	98 Cf	99 Es	100 Fm	101 Md	102 No	103 Lr

危險！

鹵素族中的元素有氟（F）、氯（Cl）、溴（Br）、碘（I）與砈（At）。鹵素全都具有毒性。氟氣會致命。吸入含0.1%微量濃度的氟氣就會讓你喪命！

化合物

鹵素與氫（H）結合時會形成酸。含有鹵素的化合物稱為鹵化物。鹵素的熔點及沸點都比較低。

哪裡可以找到鹵素？

所有的鹵素都存在於地殼的化合物中。氟與氯含量豐富，碘與溴則比較稀少。另外，砈是地球上最稀有的天然元素之一。

鹵素的用處

鹵素燈是種在石英容器中裝上鎢絲，並且在鎢絲周圍灌入鹵素氣體的燈具。

鹵素燈可以發出比其他燈泡更白的光，並能達到更高的溫度。鹵素燈的燈泡需要用熔融石英來製作，以減少破損的情況發生。

氣與溴都可以作為物品的消毒劑，甚至可用來為傷口及飲水殺菌。在游泳池中聞到的就是氯的氣味。

次氯酸鈉是由氯製成，它是漂白水的主要成分，可用來清潔、洗衣與漂白紙張和布料。它會灼傷皮膚及眼睛，所以絕對不要直接碰觸。

水與牙膏中會添加少量氟化物，以預防蛀牙。

化學新鮮事

溴有難聞的氣味。溴的原文bromine源自希臘文中的bromos，這個字就是「臭」的意思！

鈍氣

鈍氣位在週期表的第十八族，
無色無味，也不與其他元素反應。
位於週期表上越下方位置的元素越稀有。

鈍氣有6種：

氦 (He)	氖 (Ne)	氬 (Ar)
氪 (Kr)	氙 (Xe)	氡 (Rn)

威廉·拉姆齊

許多鈍氣都是由威廉·拉姆齊爵士所發現（或是分離出來）。拉姆齊爵士因為發現了「空氣中的鈍氣元素」，而榮獲1904年的諾貝爾化學獎。

化學新鮮事

氦的熔點（攝氏-272度）與沸點（攝氏-268.9度）是所有物質中最低的。

鈍氣的用途

鈍氣的沸點極低，可以作為冷媒來冷卻物品。醫院裡的核磁共振造影機就會用到液態氦，這種機器利用強力磁鐵與一種無線電波來檢查人體中的器官與結構，而其中的磁鐵需要用到氦來冷卻。

深海潛水夫所使用的氧氣筒中，也添加了氦氣。氮與氧之類的氣體會被血液及人體組織所吸收，但氦在液體中的溶解度不高。將氦加入潛水夫所使用的氧氣筒中可以避免**氧氣中毒**，氧氣中毒是一種因為吸入過多氧氣所造成的肺部傷害。

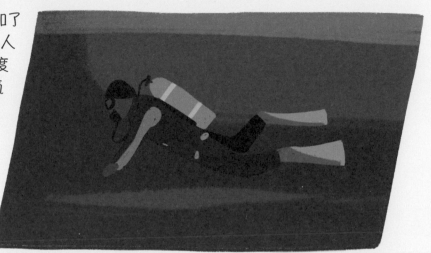

氦也可以使物體飄浮，你可能曾在派對中看過灌了氦氣而飄起來的氣球。氦的密度比空氣小，所以充滿氦氣的東西會往上升。氦也會用在巨大的氣球或飛船上，因為氦極輕又不會燃燒，所以很安全。

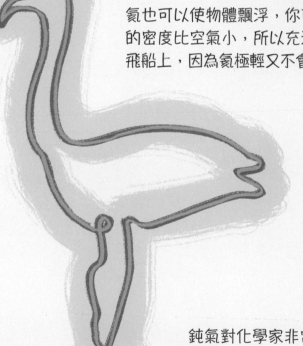

鈍氣的反應活性小，所以常用於照明。此外，鈍氣會發出不同顏色的明亮光線，霓虹燈就是最好的例子。

鈍氣也可以用於醫學，例如外科醫師所使用的雷射。氦也能有效治療氣喘。氙則可以協助讓患者在手術中入睡。還有氡可以用於放射治療。

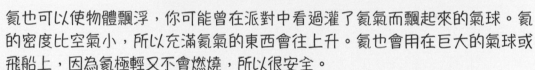

鈍氣對化學家非常有用。它們可以用來穩定實驗室中會過快發生的反應。

氬可以用來焊接金屬。氬的密度比空氣大，因此可以阻擋空氣接觸到被焊接的金屬。氬是惰性氣體（不會產生反應），所以液態金屬不會氧化，這樣就不會損壞要焊接的零件。

鹼金屬

鹼金屬位在週期表中的第一族裡，不過氫不屬於鹼金屬。
純鹼金屬呈銀色而且相當柔軟，能用刀子輕鬆割開。

鹼金屬會與水產生強烈反應，有時甚至會引發爆炸，
所以要非常小心存放。
鹼金屬大多會儲存在油層下，以免**產生化學反應**。
接觸到空氣的鹼金屬會與氧產生反應並變黑。
鹼金屬具有**可塑性**及**延展性**，也是電與熱的良導體。

鉀

鹼金屬有：

鋰 (Li)	鈉 (Na)
鉀 (K)	銫 (Cs)
鍅 (Fr)	銣 (Rb)

不穩定

自然界中從未發現純的鹼金屬，因為它們非常不穩定，很快就會反應結合生成其他物質。

鈉會以氯化鈉（NaCl）的形式存在，氯化鈉就是我們用來烹調食物的鹽！鈉也會以氫氧化鈉（NaOH）的形式存在，也就是俗稱的燒鹼，可用來當作清潔劑，也是非常強烈且具腐蝕性的鹼。

原子鐘

銫與銣可用來製造原子鐘。據說銫原子鐘是最準確的時鐘，能呈現最精準的時間。

鉀可以用來製造肥料。

肥料

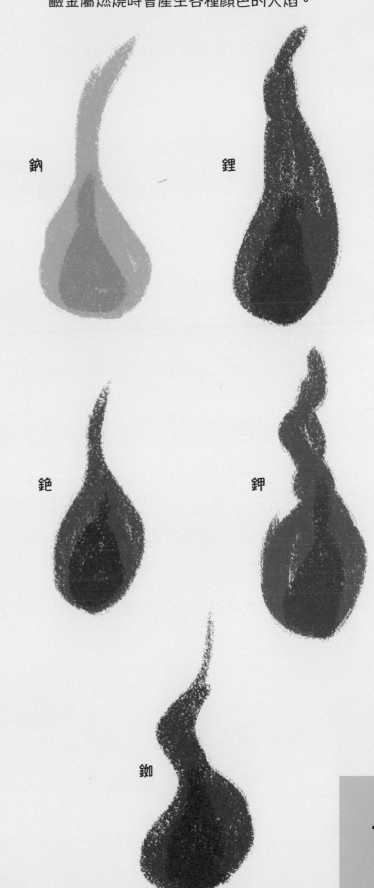

火焰

鹼金屬燃燒時會產生各種顏色的火焰。

鈉

鋰

銫

鉀

銣

鹼土金屬

鹼土金屬是週期表上的第二族。
鹼土金屬與鹼金屬具有相關性，但活性不像鹼金屬那麼大。
鹼土金屬主要呈銀色，也很柔軟，
會與鹵素反應生成鹽類化合物，這些化合物稱為鹵化物。
鹼土金屬存在自然界中，但只以化合物與**礦物質**的形式存在。

鹼土金屬有：

| 鈹 (Be) |

| 鎂 (Mg) |

| 鈣 (Ca) |

| 鍶 (Sr) |

| 鋇 (Ba) |

| 鐳 (Ra) |

許多鹼土金屬是由漢弗萊·戴維爵士所發現，戴維爵士就是發明戴維礦工安全燈的人。他發現了鈣、鋇、鍶與鎂。

化學新鮮事

鐳是由鈾經過放射性衰變所形成，處理起來很危險。想到這曾經是許多家用物品的夜光塗料成分之一，就讓人感到害怕。

鐳是由居禮夫婦所發現，可應用於醫學。此外，從氯化鐳所產生的氡氣則可以用在治療癌症的放射治療上。

ph值

鹼土金屬會產生pH值大於7的溶液，
所以它們是鹼性的。

鈣與鎂對生物而言很重要。舉例
來說，綠色植物的葉綠素中就含有
鎂。

人體與鹼土金屬

人類與許多動物都運用鈣來建造強
健的骨頭及牙齒。鎂則會協助調節
人體的體溫。

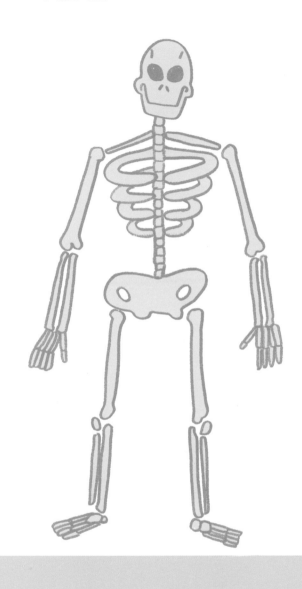

火焰：鹼土金屬的火焰顏色

鈹　　　鎂　　　鈣　　　鍶　　　鐳

過渡金屬

過渡金屬位於週期表的中間，
它們也被稱為「d區」金屬。
這個區域中共有35個元素，它們皆有相似的性質。

過渡金屬比鹼土金屬硬，活性也比較小。
過渡金屬佔週期表中最大的區塊，包含第三直行到第十二直行，
不過在第十二直行中的金屬
（鋅［Zn］、鎘［Cd］、汞［Hg］與［Cn］）有時不算是過渡金屬。
大多數的金屬都屬於過渡金屬。

1 H						過渡金屬											2 He
3 Li	4 Be											5 B	6 C	7 N	8 O	9 F	10 Ne
11 Na	12 Mg											13 Al	14 Si	15 P	16 S	17 Cl	18 Ar
19 K	20 Ca	21 Sc	22 Ti	23 V	24 Cr	25 Mn	26 Fe	27 Co	28 Ni	29 Cu	30 Zn	31 Ga	32 Ge	33 As	34 Se	35 Br	36 Kr
37 Rb	38 Sr	39 Y	40 Zr	41 Nb	42 Mo	43 Tc	44 Ru	45 Rh	46 Pd	47 Ag	48 Cd	49 In	50 Sn	51 Sb	52 Te	53 I	54 Xe
55 Cs	56 Ba	57-71	72 Hf	73 Ta	74 W	75 Re	76 Os	77 Ir	78 Pt	79 Au	80 Hg	81 Tl	82 Pb	83 Bi	84 Po	85 At	86 Rn
87 Fr	88 Ra	89-103	104 Rf	105 Db	106 Sg	107 Bh	108 Hs	109 Mt	110 Ds	111 Rg	112 Cn	113 Nh	114 Fl	115 Mc	116 Lv	117 Ts	118 Og

57 La	58 Ce	59 Pr	60 Nd	61 Pm	62 Sm	63 Eu	64 Gd	65 Tb	66 Dy	67 Ho	68 Er	69 Tm	70 Yb	71 Lu
89 Ac	90 Th	91 Pa	92 U	93 Np	94 Pu	95 Am	96 Cm	97 Bk	98 Cf	99 Es	100 Fm	101 Md	102 No	103 Lr

常見性質

過渡金屬可以形成許多化合物。這類金屬導電性好，具有高熔點及沸點，密度也比鹼土金屬要高。

剛切割開來的過渡金屬具有光澤，而且堅固。

貴金屬

作為項鍊及戒指配戴的那類「貴金屬」都屬於過渡金屬。這類金屬計有：銀、金、銅、鉑與鈦。

化學反應

過渡金屬在室溫下的氧化反應緩慢，但有些過渡金屬（例如銅）加熱後會與氧產生反應。比如：銅（Cu）＋氧（O）＝氧化銅（CuO）。

過渡金屬與冷水不太會產生反應，甚至根本不會反應。不過，鐵（Fe）會與水（H_2O）及氧（O）反應，產生鐵鏽（氧化鐵Fe_2O_3）。

健康的身體

人體要保持健康也需要部分過渡金屬。我們需要鐵來造血，而人體內的其他關鍵程序也需要鋅及鉻才能好好運作。

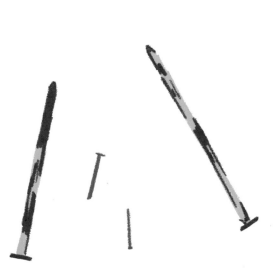

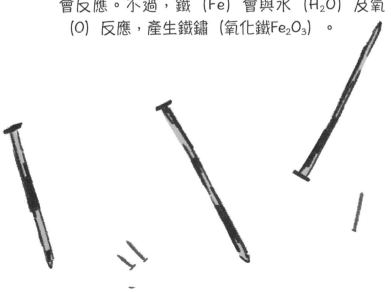

類金屬

類金屬是種奇怪的元素，
同時具有金屬與非金屬元素的性質。
舉例來說，類金屬可能像非金屬那樣易碎，
卻又像金屬那樣具有光澤。
或是像金屬那般是良好的電導體，
但又像非金屬那樣沒有光澤。

類金屬可與金屬形成合金，有些類金屬是半導體，
例如矽與鍺。這表示它們只會在特定情況下導電。

 ## 哪裡可以找到類金屬？

地球上含量最豐富也最常見的類金屬是矽 (Si) ，
最稀有的則是碲 (Te) 。

其他的類金屬還有硼 (B) 、鍺 (Ge) 、砷 (As) 、
銻 (Sb) 與釙 (Po) 。砈 (At) 與硒 (Se) 有時也
算是類金屬。

類金屬與其他的元素族不同，它們在週期表中呈斜
向排列。

類金屬

1 H																	2 He
3 Li	4 Be											5 B	6 C	7 N	8 O	9 F	10 Ne
11 Na	12 Mg											13 Al	14 Si	15 P	16 S	17 Cl	18 Ar
19 K	20 Ca	21 Sc	22 Ti	23 V	24 Cr	25 Mn	26 Fe	27 Co	28 Ni	29 Cu	30 Zn	31 Ga	32 Ge	33 As	34 Se	35 Br	36 Kr
37 Rb	38 Sr	39 Y	40 Zr	41 Nb	42 Mo	43 Tc	44 Ru	45 Rh	46 Pd	47 Ag	48 Cd	49 In	50 Sn	51 Sb	52 Te	53 I	54 Xe
55 Cs	56 Ba	57-71	72 Hf	73 Ta	74 W	75 Re	76 Os	77 Ir	78 Pt	79 Au	80 Hg	81 Tl	82 Pb	83 Bi	84 Po	85 At	86 Rn
87 Fr	88 Ra	89-103	104 Rf	105 Db	106 Sg	107 Bh	108 Hs	109 Mt	110 Ds	111 Rg	112 Cn	113 Nh	114 Fl	115 Mc	116 Lv	117 Ts	118 Og

57 La	58 Ce	59 Pr	60 Nd	61 Pm	62 Sm	63 Eu	64 Gd	65 Tb	66 Dy	67 Ho	68 Er	69 Tm	70 Yb	71 Lu
89 Ac	90 Th	91 Pa	92 U	93 Np	94 Pu	95 Am	96 Cm	97 Bk	98 Cf	99 Es	100 Fm	101 Md	102 No	103 Lr

矽

矽是常見的類金屬,它是種**半導體**,在科技上的用處極大。

矽是行動電話與電腦這類電子產品中的重要材料之一。住家中很快也會出現這類含矽的高科技設備。

 ## 矽谷

矽谷鄰近舊金山,是許多電腦相關公司的基地。電腦中使用的矽晶片是用熔化的二氧化矽砂所製成。矽晶片經過拋光,再製成可以容納數千個用於放大或切換電子訊號的微晶管。這些晶片會被切割成小三角,安裝到中央處理器(CPUs)中,這裡說的就是你電腦裡的那種中央處理器。

 ## 危險!

砷是一種含有劇毒的類金屬。事實上,砷是現存最毒的元素!砷可以用來增加合金的硬度,特別是銅與鉛的合金。它也是一些木材防腐劑、殺蟲劑與數種玻璃中的一種成分。

現在會用銻來製造金屬合金,不過在5,000年前,古埃及人曾將銻用於化妝品中。

錒系和鑭系元素

查看元素週期表時會發現週期表的底部有兩橫列。
這兩橫列有時會被稱為週期表的「f區」。

其中一橫列稱為錒系元素，另一橫列稱為鑭系元素。
有些人稱這些元素為稀土金屬，有些人則稱為內過渡元素。
錒系元素有15個，而鑭系元素也有15個
（第83頁下方欄位的紫色橫列為錒系元素，藍色橫列為鑭系元素）。

哪裡可以找到這些元素？

錒系與鑭系元素都很容易與鹵素產生反應。鑭系元素是地球的天然元素。
而錒系元素中則有一些無法自然產生，只能在實驗室裡製造出來。

將鑭系元素放入水中，就會緩慢形成氫氧化物（與氫分子反應並結合）。
錒系及鑭系元素與其他大多數的金屬一樣，暴露在空氣中會形成一層氧化
物。

錒系和鑭系元素的用途

油電混合車會在電池中使用鑭、鋱（ㄊㄜˋ）、釹與鏑（ㄉㄧˊ）這類鑭系元素。

鋂（Am，ㄇㄟˊ）這種錒系元素是一種合成的放射性元素，可用於製造煙霧探測
器。

 鈾

用在核反應爐中產生能量的
鈾（U），曾經是製造玻璃
的材料，後來發現它具有放
射性才停止使用。

 鈽

鈽（Pu）在二次大戰末期時
曾用來建造摧毀廣島與長崎
的原子彈。這顆炸彈運用了
核連鎖反應的可怕威力。

化學新鮮事

錒的英文actinium源自希
臘文的「aktis」，是光束
或射線的意思。

 特別的名稱　所有的錒系元素都具有放射性。看看下表，你有辦法大聲唸出這些元
素的名字嗎？有些聽起來像是科幻小說中才會出現而非真實存在的東
西。

錒 (Ac)	釷 (Th)	鏷 (Pa，ㄆㄨˊ)	鈾 (U)	錼 (Np)
鈽 (Pu)	鋂 (Am)	鋦 (Cm)	鉳 (Bk)	鉲 (Cf)
鑀 (Es)	鐨 (Fm)	鍆 (Md)	鍩 (No，ㄋㄨㄛˋ)	鐒 (Lr)
鑭 (La)	鈰 (Ce)	錯 (Pr)	釹 (Nd)	鉕 (Pm，ㄆㄛˇ)
釤 (Sm，ㄕㄢ)	銪 (Eu)	釓 (Gd，ㄍㄚˊ)	鋱 (Tb)	鏑 (Dy)
鈥 (Ho)	鉺 (Er)	銩 (Tm)	鐿 (Yb)	鎦 (Lu)

後過渡金屬

後過渡金屬又稱「貧金屬」，
在週期表上位於過渡金屬的右邊以及類金屬的左邊。

什麼元素屬於後過渡金屬仍有爭議，
不過通常是指第十三、十四與十五族內的金屬。
這類金屬較其他金屬柔軟，熔點也比較低。
後過渡金屬具有延展性及可塑性，也是電與熱的良導體。

後過渡金屬有：

鋁 (Al)	鎵 (Ga)	銦 (In)	錫 (Sn)

鉈 (Tl)	鉛 (Pb)	鉍 (Bi)

 ## 分類啊分類⋯⋯

鉨 (Nh)、鈇 (Fl)、鏌 (Mo) 與鉝 (Lv) 有時被分類為後過渡金屬，
但通常又不歸在此類。真是令人困惑啊！

鋁

地球自然界中最常見的後過渡金屬是鋁。鋁是地殼含量第三豐富的金屬。

鋁很輕也相當堅固，所以會用來製成汽水罐之類的容器。

鋁最初是在1825年認定為元素，一開始的造價昂貴，在當時的價值甚至比黃金還高！拿破崙三世對鋁十分著迷，也贊助了鋁在軍事用途上的實驗。

健康

鉍用於治療消化不良與胃灼熱。一劑制酸劑中含有262毫克的次水楊酸鉍。

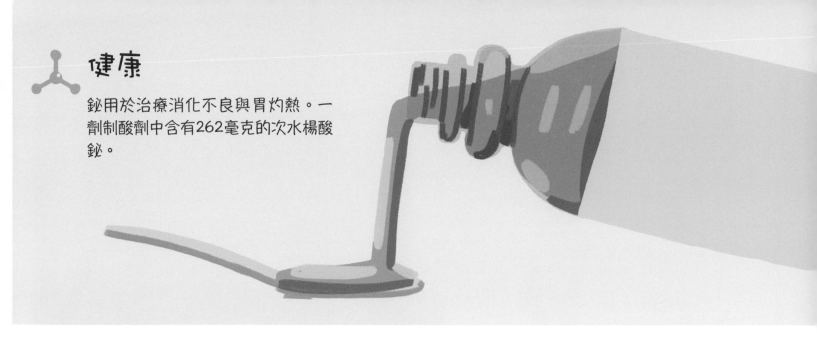

銦

銦可以用來製造平板螢幕與觸控式螢幕這類電子產品。

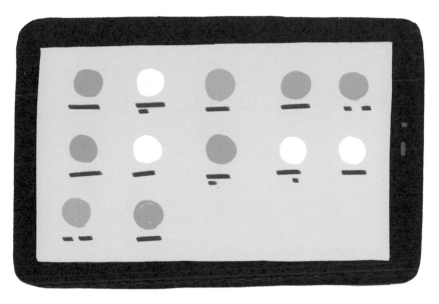

鉛

過去會用鉛來製作玩具，因為它很容易就可以熔化倒入模具中，製作成本也很低廉。油漆中也會加入鉛，但後來發現鉛有毒。

今日，像車用電池這類產品仍會使用鉛，但人們知道若是皮膚經常接觸到鉛會影響健康。

Chapter 5
實驗室

化學家每天都在實驗室裡辛勤工作。
他們會設計與觀察化學反應,為產業開發新物質,發明新藥等等。

化學家在實驗室裡工作的原因有很多。
實驗室讓人能在安全且有控管的環境中對化學物質進行實驗。
這些化學物質若是在家中使用可能會很危險。
實驗室也是無菌環境。而溫度這類條件在實驗室中也很容易控制。
實驗室會依照化學家能方便觀察實驗的方式來設置。
在實驗室裡,變因可以受到控制,而環境狀態也可以保持穩定。
(「變因」指的是可以改變與影響實驗結果的事物。)

實驗室裡也有化學家所需的全部器材。
像強力電子顯微鏡這類儀器昂貴而且容易在移動中損壞。
化學家使用的所有小型工具與器材,
例如玻璃燒瓶、試管——當然也包括化學物質——也會安全存放在實驗室裡。

化學家也會合作組成團隊進行實驗,
在實驗室裡一起討論與工作,
共享與記錄實驗的觀察結果。

本生燈

你用過本生燈嗎？幾十年來，學生在學校實驗課中都會用到本生燈。使用本生燈是件令人興奮的事，但要小心使用並採取安全性預防措施。雖然本生燈可以控制火焰，但畢竟也還是火啊！

羅勃特·本生博士

本生燈所產生的火焰可以用來加熱及消毒器材。

本生燈是1855年由羅勃特·本生博士所發明，不過有些歷史學家認為本生博士只是提出了初步的構想。即便如此，我們所知的本生燈依然算是本生博士所創造，所以還是以他的姓氏來命名。

迷人的火焰

化學家以及古早時期的煉金術士，已經知道將物質撒在火焰上，就能經由火焰的顏色辨認出那是什麼物質，例如鉀燃燒時會呈現淡紫色。今日在製造煙火時，仍會應用到這些科學知識。

不過本生博士看到了一個問題。他發現火焰本身的顏色可能會影響物質的辨認。若是物質燃燒時會產生橙色或黃色的火焰，化學家要如何知道火焰已經自然呈現出該物質燃燒的顏色呢？

火焰測試

本生博士發明了一種混合甲烷氣體與連續空氣氣流的燈，它能燃燒出近乎透明的火焰。這項發明讓「火焰測試」的結果變得可信。他在1857年公開了這個燈的設計，但並沒有申請**專利**。他並不想利用這項發明致富，只想與大眾分享自己所創造出的美妙之物。而我們今日也還在使用本生燈！

化學新鮮事

本生博士也發明了碳鋅電池與閃光攝影術，他還與同事古斯塔夫·基爾霍夫建立出**光譜學**的科學應用方法。他們就是經由光譜學而發現了元素銣與銫。

氣流

本生燈以甲烷混合空氣所形成的氣流，在燈的頂端產生火焰。氣流的大小可經由閥門控制。

今日，化學家會在實驗室中使用本生燈加熱化學物質，或是用本生燈來產生或加速化學反應。

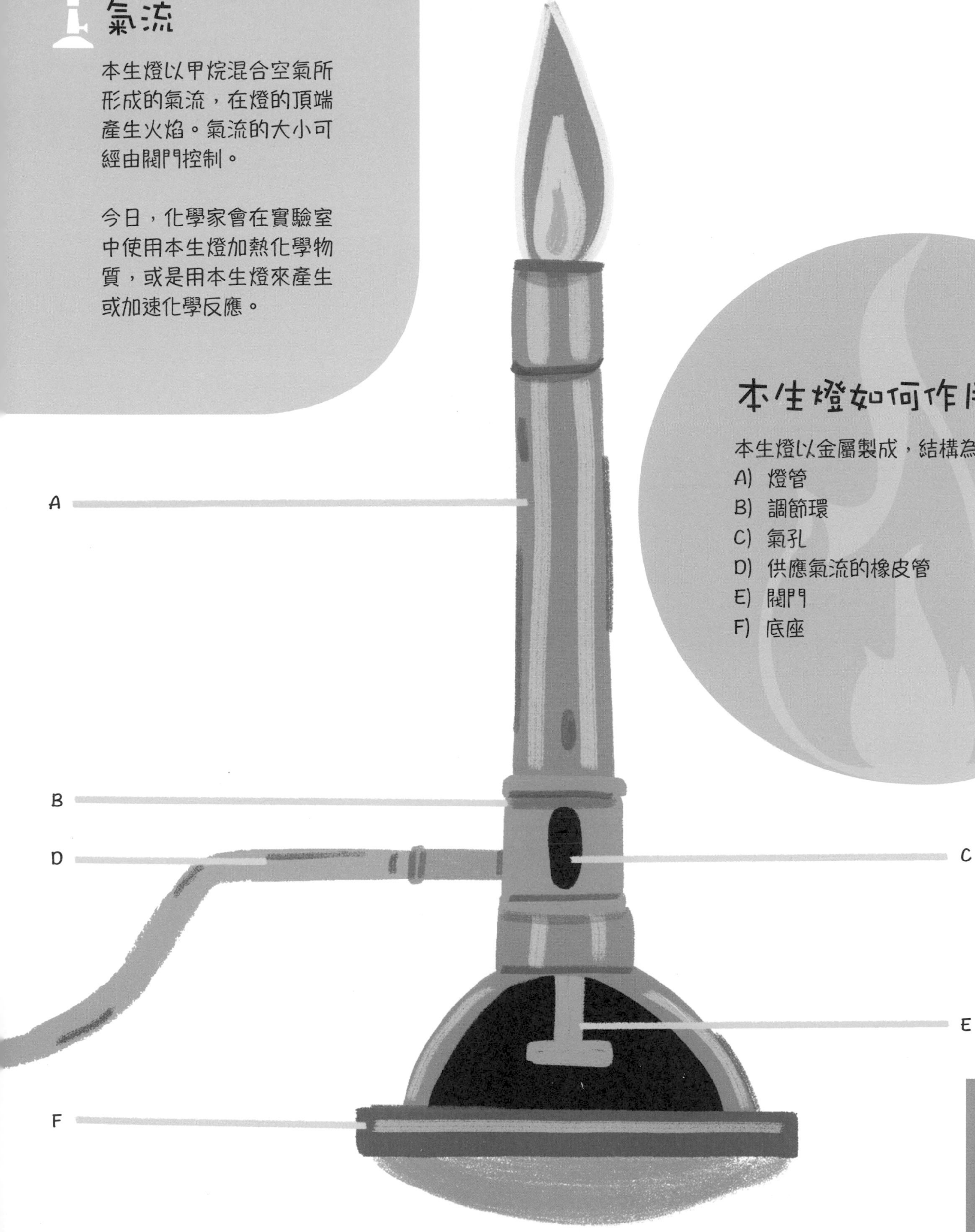

本生燈如何作用？

本生燈以金屬製成，結構為：
A) 燈管
B) 調節環
C) 氣孔
D) 供應氣流的橡皮管
E) 閥門
F) 底座

A

B

D

C

E

F

溫度計

溫度計可以測量溫度，
生病時可以使用體溫計來確認是否發燒了。

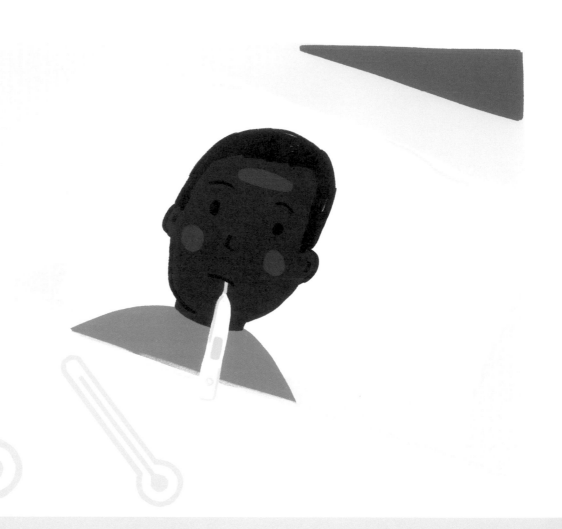

 ## 體溫計

溫度計內含有會隨著冷熱而產生改變的物質。液體溫度計中含有會隨溫度變化而膨脹或收縮的液體，它會在圓柱中上升或下降。

現代體溫計通常是電子式的，可以給出更精確的讀數，也能減少確認體溫時出現的「判讀失誤」。

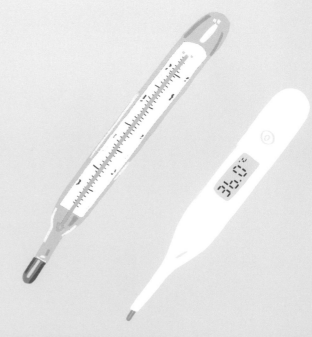

刻度

溫度計的刻度有華氏與攝氏兩種。這兩種都是全球科學家通用的標準測量單位。

最早發明出來的溫度計被稱為測溫器。義大利發明家聖托里奧在1612年成為第一個在空氣溫度計上標示刻度的人,這樣就能輕鬆判讀溫度了。

華氏與攝氏

加布里爾·華倫海特(華氏)在1709年發明了第一支酒精溫度計,後來又在1714年發明了第一支水銀溫度計。他於1724年在溫度計上標示刻度,直到今日人們仍在使用他的計溫方式。

安德斯·攝爾修斯(攝氏)在1742年使用了他的攝氏溫度刻度。他將位於海平面氣壓的水在冰點與沸點之間的刻度分成100度,冰點定為0度,沸點定為100度。第一個可以測量病人體溫的體溫計,直到1867年才由湯馬斯·奧爾巴特發明出來。

實驗用溫度計

在實驗室中使用溫度計時,會將溫度計浸入要測量的東西中。這類溫度計有長長的玻璃管,底部還有一顆圓球,球裡充滿了有顏色的液體。這種溫度計不是用來測量體溫,但它們對於追蹤物質與反應中的溫度變化非常有用。

隨著溫度增加,液體就會膨脹,而隨著液體在管中上升,就能判讀溫度。當溫度降低時,在管中的液體就會收縮下降。

所有化學家都會在實驗室中使用一些工具與容器。
了解這些器材是什麼以及它們的用途很重要，
這樣你才能設計自己的實驗。
若你家中有化學實驗套組，那你可能已經擁有一些器材了。
學校裡的科學實驗室中一定也有這些器材。

試管

老電影中的「瘋狂教授」，幾乎都會拿著一個冒著泡泡的試管！在現實生活中，試管是用來混合與存放物質。試管最初是在1800年代製造出來。

試管是用強化玻璃製作，這些強化玻璃以特殊方法製成，加熱時不會膨脹。在製造玻璃的材料中加入硼的氧化物，就能讓玻璃可以耐熱。

試管有弧形的底部，輕鬆就能清洗乾淨。這非常重要，不能讓殘餘的化學物質沉積在試管中，污染下一次的實驗。

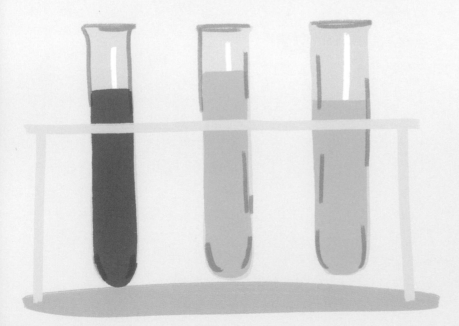

 燒瓶

燒瓶可以用來裝入與混合物質。燒瓶的側面會標出體積的刻度,這樣就能測量出燒瓶內化學物質的體積。

埃米爾·埃倫邁爾在1860年發明了傳統式的錐狀燒瓶,所以這類燒瓶有時也會被稱為埃倫邁爾燒瓶。燒瓶非常好用,搖晃燒瓶來混合化學物質時,不用擔心會灑到科學家身上或是地板上!

 燒杯

燒杯也是標有刻度的容器,燒杯同樣可以用來混合物質,以及測量用於實驗中的液體。

燒杯的尺寸眾多。要在燒杯中混合物質時,會用玻璃棒來攪拌混合。使用玻璃棒的原因是,玻璃不會與化學物質產生反應。

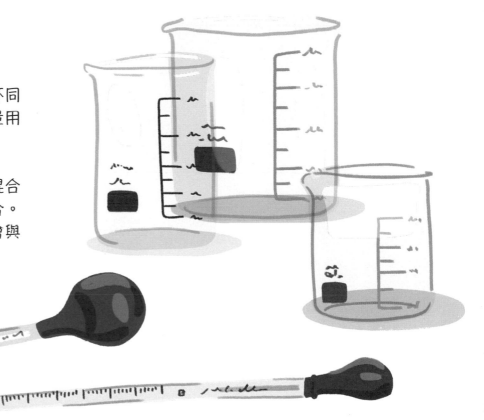

 滴管

滴管是有著可擠壓橡皮頭的玻璃管。滴管可用來將實驗用的液體一滴一滴地加入。你可能在化妝品的瓶子中看過滴管。滴管讓化學家在液體需求量極少時,可以控管加入的液體量。有些科學家在工作時甚至會用到微量滴管。

過濾器與過濾法

你泡過濾泡式咖啡，或是曾在咖啡館裡看過店員泡咖啡嗎？
在泡咖啡的過程中帶著咖啡味的水會流過濾紙，
而咖啡渣則會留在濾紙上。

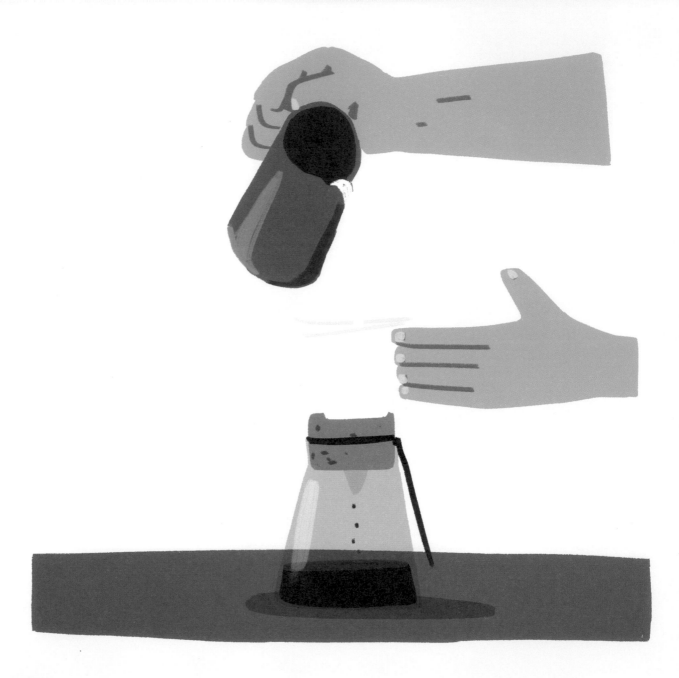

 ## 過濾

實驗室中會用過濾器來分開液體或氣體中的固體。將混合物倒在過濾器上，液體
就會穿過過濾器，流入置於下方的燒杯或燒瓶中，而固體或是殘餘物就會留在濾
紙上。

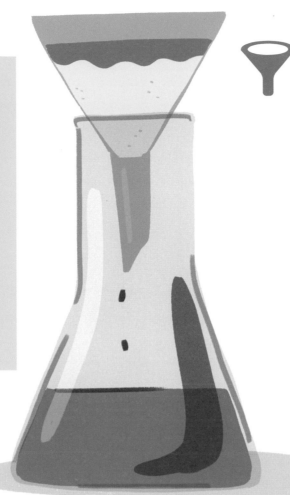

混合

過濾器可以分離的物質是那些沒有經過化學「結合」的混合物。其中的固體無法溶解在溶液中，例如混入水中的泥沙。過濾是一種物理分離法。

過濾時會用到漏斗。將濾紙放在錐狀漏斗上，就成了可以濾出混合物中的固體物質的過濾器。而其中的液體則會流入燒瓶中。

蒸發

蒸發是一種能將溶解在液體中的固體分離出來的方法。想像一下你有混了沙子的海水要進行分離。你可以過濾掉沙子，但濾不掉溶在水中的鹽。鹽及水形成了溶液。水是溶劑，而鹽是溶質。你可以加熱蒸發溶液，水蒸發時就會留下鹽晶，這個過程就稱為結晶。

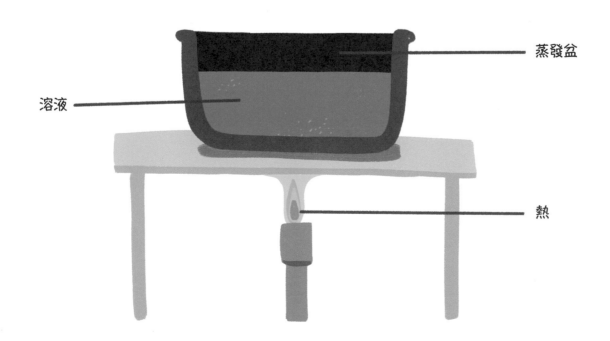

蒸發盆

溶液

熱

蒸餾法

蒸餾可用來分離與純化物質（包括不同的液體）。
簡單蒸餾就可以將溶劑從溶液中分離出來。
舉例來說，蒸餾可將鹽與水分離。
加熱溶液，水就會蒸發，
冷卻後被收集到另一個容器中。
而鹽則會留下來。

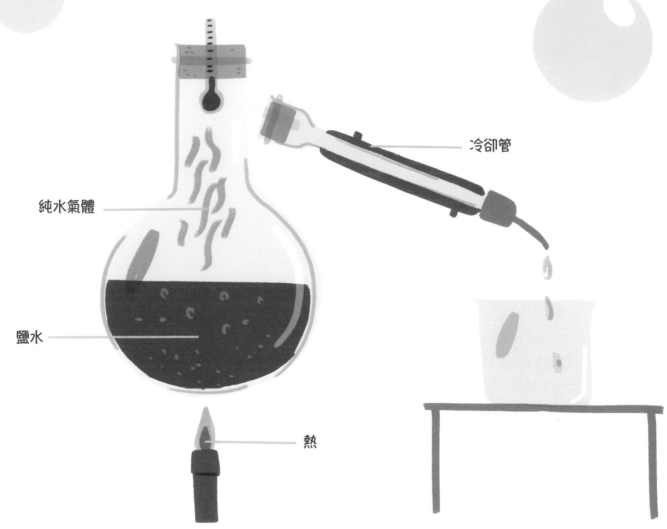

冷卻管

純水氣體

鹽水

熱

分餾

分餾可以用來分離內含2種以上液體的混合物。

每種液體的沸點（從液體變成氣體的溫度）都略有不同，蒸餾就是利用這個特點發揮作用。人們很早以前就會使用蒸餾法來製造與純化酒類與藥物了。

沸點

蒸餾讓沸點低的液體可以先被收集出來。舉例來說，因為乙醇的沸點比水低，乙醇和水的混合物就可以用蒸餾法來分離。當乙醇蒸發時，它的蒸氣會被收集到冰冷的燒杯或燒瓶中，這樣蒸氣就會冷卻再度變回液體。

原油

石油工業也會應用分餾法將原油分離成石油、瀝青與柴油等各種液體。

原油的上方會裝設一個高分餾塔，而在塔側面不同高度的地方則分別裝有冷凝器。

原油被蒸發後所產生的蒸氣會在分餾塔中的不同溫度下冷卻凝結，經分離與收集後供給人們使用。

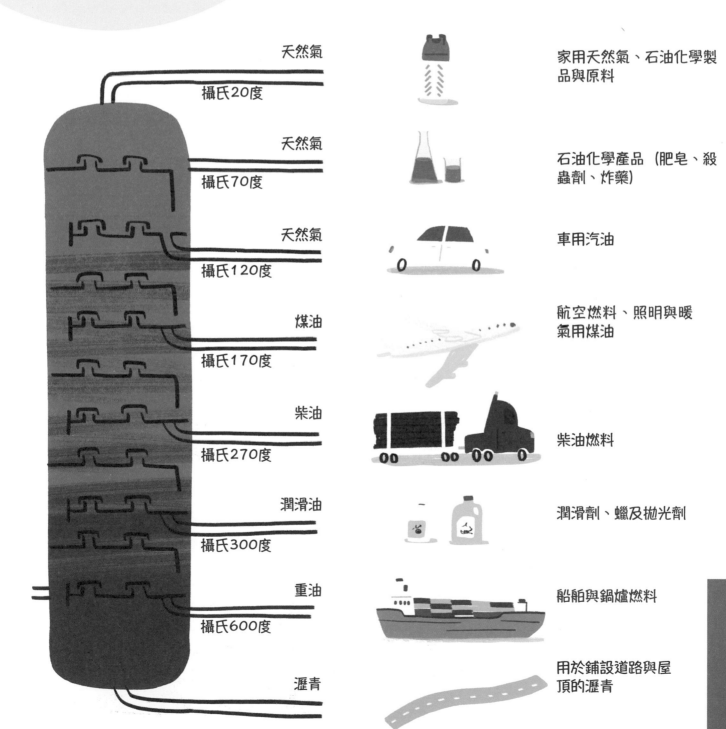

天然氣 攝氏20度	家用天然氣、石油化學製品與原料
天然氣 攝氏70度	石油化學產品（肥皂、殺蟲劑、炸藥）
天然氣 攝氏120度	車用汽油
煤油 攝氏170度	航空燃料、照明與暖氣用煤油
柴油 攝氏270度	柴油燃料
潤滑油 攝氏300度	潤滑劑、蠟及拋光劑
重油 攝氏600度	船舶與鍋爐燃料
瀝青	用於鋪設道路與屋頂的瀝青

層析法

層析法是分離複雜混合物並可進行分析的一種方法。
法醫會運用這種方法來破案！
層析法可以用來創造DNA「指紋」，
協助確認從犯罪現場採集到的物件中是否有犯罪證據。

分離

層析法原文chromatography源自於希臘文中的chroma（顏色）與graph（筆跡）。以層析法進行的實驗會展現多樣的色彩。混合物中的不同成分在分離的過程中，會在介質（例如層析用紙）上以不同的速度移動，於是就被分離出來了。

自己動手做

你可以自己動手試試層析法。拿一片濾紙（便宜就能買到）剪成長條。在紙條的一邊用彩色筆畫一個大大的點，然後將這一邊的末端放入水中放置一晚。

隔天早上你會發現，水弄溼了整條濾紙，而彩色筆的墨水也被分離成不同的顏色。彩色筆墨水中的不同成分會以不同的速度分離出來，你可以看到濾紙上有不同顏色的條紋痕跡。你也可以用幾滴食用色素進行這個實驗。

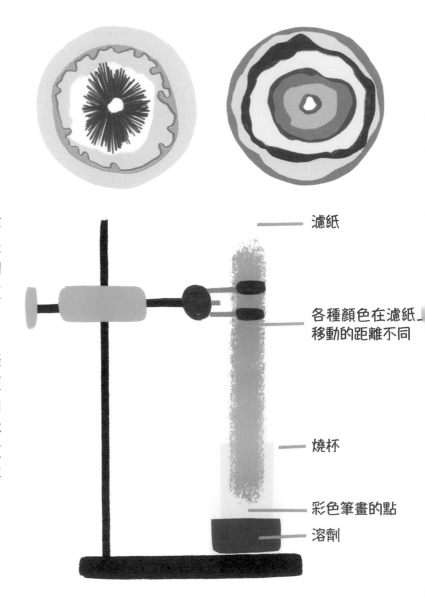

濾紙

各種顏色在濾紙上移動的距離不同

燒杯

彩色筆畫的點

溶劑

薄層層析法

紙張層析法在家做起來很有趣,但今日在實驗室中已大致不再使用這種方法。化學家們改用薄層層析法。

薄層層析法不用紙張,改用矽膠或纖維素這類薄層介質。薄層層析法比紙張層析法更有效率。不但顏色跑起來更快,顯色也更好更清晰,讓結果更為準確。

 ## 管柱層析法

管柱層析法使用化學物質作為溶劑來分離化合物。首先將要分離的化合物溶解在溶劑中。這種層析法所使用的管柱是以矽膠這類材質所包覆的玻璃管或塑膠管,這些管柱會先泡過溶劑再瀝乾。

接著對管柱加入少量含有化合物的溶液,讓化合物溶液滲入管柱中。然後再用乾淨的溶劑順著管柱沖洗化合物,化合物會以不同的速度被沖洗出來,於是就分離了。

 ## 氣體層析法

氣體層析法也能用來分離物質。物質會轉化成氣體跟著「載氣」穿過管柱。載氣是氮氣之類不會在過程中發生反應的鈍氣。

物質被送到管柱時,會分離出不同的成分。管柱位於烘箱裡,烘箱的溫度控制可以讓不同成分在不同時間離開管柱。

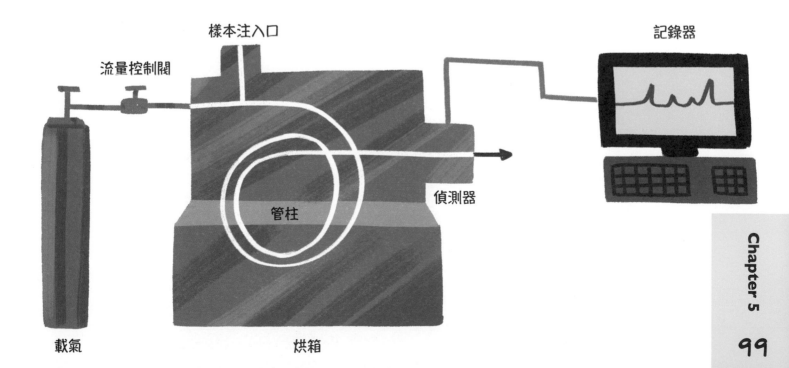

流量控制閥　　樣本注入口　　　　　　　　　　　記錄器

載氣　　　　　管柱　　偵測器　　烘箱

化學反應

2個反應物結合形成1個以上的產物，就稱為化學反應。
化學家將產生化學反應的物質稱為「反應物」。
反應物在反應過程中會被消耗掉，
而在反應過程中形成的新物質就是「產物」。

 ## 化學反應無所不在

在日常生活中，隨時隨地都有化學反應
發生。木頭與煤炭在火上燃燒就是一種
化學反應，而金屬生鏽也是種化學反應。

電池能夠提供電力，也是因為化學反
應。自然界中也會發生化學反應，比如
植物利用太陽能進行光合作用。

甚至連人體內也會發生化學反應！你吃
下食物時，身體就會利用化學反應分解
食物，好讓你可以吸收養分。

 ## 反應率

並非所有反應都以同樣的速度或速率發生。有些反應發生得非常快，還會
造成爆炸。但像金屬生鏽這樣的反應則要花上好幾年。反應的速度稱為反應
率。以熱或電的形式將能量加入反應中，可以改變反應率。

水與氧必須同時存在才會產生生鏽反應，人們有時會試著減緩這個反應率，
像是為鐵橋及鋼橋上漆就是達成這個目標的方式之一。讓這個方法有效的原
理，就是阻止金屬接觸到水與氧。

🧪 不反應！

有時候確定反應**不會**發生是很重要的事。舉例來說，金屬醫療器材要用不會生鏽的合金製成。這很重要，因為醫療器材常會處在潮溼的環境中，若讓生鏽的東西進到傷口中，會是件非常危險的事。

🧪 金屬活性順序

有些金屬比其他金屬更容易產生反應。它們可以依照反應快慢，排列出金屬反應活性順序。

像鉀及鈉這類金屬的活性很大，所以它們必須儲存在油中，以免它們接觸到潮溼的空氣就產生反應！

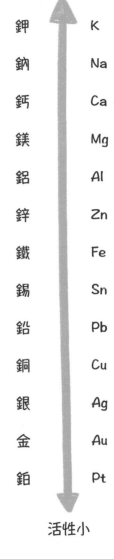

活性大

鉀	K
鈉	Na
鈣	Ca
鎂	Mg
鋁	Al
鋅	Zn
鐵	Fe
錫	Sn
鉛	Pb
銅	Cu
銀	Ag
金	Au
鉑	Pt

活性小

化學新鮮事

人體可日以繼夜地執行數千種不同的化學反應。

燃燒是一種特別的化學反應,當燃料與空氣中的氧結合就會燃燒。
燃燒時會放熱,所以被稱為放熱反應,而燃燒時也會放出光。
物質燃燒時會與空氣中的氧反應,產生名為氧化物的新物質。

鎂燃燒時會與空氣中的氧結合,形成化合物氧化鎂。

木頭燃燒時,空氣中的氧會與木頭中的碳反應,生成灰燼與木炭。

 ## 溫室氣體

煤炭、天然氣與石油等化石燃料燃燒時,會與空氣中的氧結合形成一氧化碳、二氧化碳與二氧化硫。這些氣體會對地球大氣層造成嚴重破壞。

這些都是溫室氣體,會加速氣候變遷。二氧化硫也會造成酸雨,對建築物、植物及動物造成傷害。

旅行

沒有燃燒作用，長途旅行就會變得困難。車子的引擎得靠燃燒燃料才能運轉。車子中的燃料反覆經點燃引爆後，上下推動引擎內的汽缸，進而驅動汽車。

沒有燃燒作用，連火箭都無法飛行！火箭燃料燃燒所產生的氣體，從火箭推進器的尾端噴出，推動火箭向前飛行。

 ## 污染

物質燃燒且氧化不完全時，會留下細小的煙灰顆粒（黑碳），並造成污染，弄髒空氣。

 ## 易燃物

燃點是指物質開始燃燒的溫度。若是一個物質在空氣中就能點燃，那麼我們會說它是種易燃物。

燃燒作用對人類很有用處，因為它帶給我們光與熱，但這些美麗的火焰很容易就會失控。用火一定要非常小心！

煙火

你看過煙火表演嗎？
那些閃亮亮的火光與爆炸正是由化學反應所產生！
煙火的管子中包覆著固體化學物質。
煙火點燃時會加熱化學物質，
就是這份**活化能**啟動了其中的化學反應。

煙火的化學物質接觸到空氣中的氧時，會燃燒並放出熱，所以我們稱這種反應為放熱反應。這些化學物質會釋出一氧化碳及氮氣。煙火也會因為未燃燒的顆粒四處飛散，產生大量煙霧。

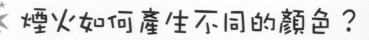

煙火如何產生不同的顏色？

煙火中含有金屬化合物或鹽。不同的**化合物**燃燒時會發出不同顏色的火焰。鋇鹽與銅鹽燃燒時，會產生綠色與藍色火焰。鈉燃燒時，會產生黃色與橙色火焰。而鍶鹽與鈣鹽燃燒時，則會產生紅色火焰。

化學新鮮事

雖然我們並不確定，不過歷史學家認為煙火是中國在西元800年左右發明。煉金術士當時試圖找出讓人們長生不老的丹藥，然而他們在過程中卻不小心發明了一種可以燃燒的化學物質，也就是火藥。他們將火藥放入管子中，點火丟出就能產生爆炸。

這些早期的「爆竹」後來發展成了煙火！

★ 信號彈

煙火很有趣，不過這項科技也有實用之處。會發光的信號彈可以送出求救信號。信號彈協助遇難的人向外求救。

登山救援隊會使用信號彈。海上船隻遇難時也會使用信號彈。士兵也會用信號彈來回報位置。信號彈中常含有鎂。若有人用信號槍打出信號彈，就表示他們希望別人發現他們。鎂燃燒時非常明亮，而且燃燒的時間比煙火中的鹽更為持久。化學可以幫助人們獲救！

信號彈 →

你知道嗎？

最盛大的煙火表演出現在2016年的菲律賓。那場表演用上了800,000顆煙火！

我們周遭的化學物質

如你所見，世界上所有東西都是由化學物質所構成。
大多數的化學物質都是由不同元素組合而成的化合物。
有些化合物非常複雜，裡頭含有大量的各類原子，
比如生物體內的化學物質，
這裡的生物當然也包括你！

你現在可以好好觀察周遭世界中的化學物質了。
大多數的動物都是直接利用身旁的化學世界，
像是吃下找到的食物，呼吸周遭的空氣。
然而人類已經遠遠超出這個範圍，
不再只是純粹使用自然的原料。
我們從地底採礦，將它們做成合金。
我們運用化學反應產生塑膠這類非天然的全新化學物質。
我們製造化學物質（肥料）協助農作物生長，
改變食物的味道或是讓食物可以保存得更長久（防腐劑）。
我們也會使用化石燃料中的化學物質，
為許多不同的活動提供能源。

人類對地球資源做起大型化學實驗，
通常我們得到的成果也不錯，
但有時也會產生不良影響。

空氣

空氣是由幾種不同的氣體所組成，
其中包括氮（約78%）、氧（約21%）和少量的二氧化碳（0.04%），
還有微量的氫與氖。
我們需要呼吸空氣，沒有空氣，我們就無法在地球上存活。

大氣

環繞地球的空氣，在地球重力的作用下，形成了一層包裹住地球的大氣層。接近地球表面的大氣約有75%是氮，20%是氧。

溫室氣體與臭氧協助保持地球的溫暖，並保護生物免於受到太陽輻射的傷害。

感謝！

空氣中之所以會有氧，都要感謝數十億年前在海洋中孕育出來的簡單生物藍綠藻。藍綠藻經由光合作用為自己製造養分，光合作用會產生氧氣，所以就釋出了大量氧氣到地球的大氣中。

在25億多年前，地球的大氣是由不適於呼吸的氣體所組成，這些氣體是二氧化碳（CO_2），以及從火山噴發的甲烷與氨這類氣體。

污染

空氣中也含有氣溶膠顆粒，例如灰塵、花粉、煤灰、汽車廢氣和煙霧等經由空氣傳送的微小顆粒。大氣中有數百萬噸的這種顆粒。

空氣中還含有微小的生物氣溶膠，也就是可經由風、噴嚏、咳嗽在空氣中傳播的微生物。

化學新鮮事

空氣雖然很「輕」，但因為有大量的空氣壓在地球表面，所以產生了氣壓。

氣壓在海平面最高，在高山上最低。

溼度

空氣中含有大量以氣體形式存在的水。你聽過「潮溼」這個詞嗎？這個詞就是在形容含有大量水分的炎熱溼氣。

溼度高會讓呼吸變得困難。溼度以百分比來表示，在許多氣象預報中都能看到這個數值。溼度到達100%時就會下雨！

海水

你是否曾在游泳過後,在嘴唇上嘗到海水的味道?
或在身體被太陽曬乾後,
看到自己皮膚上有閃亮的白色鹽結晶?
海水之所以含有鹽分,
是因為河流與雨水將岩石中所含的礦物質都沖刷匯集到大海中。

溶在水中的鹽可以經由蒸發析出。
水蒸發時,
海鹽(由氯化鈉〔NaCl〕與少量其他礦物質所構成)
就會析出。
在洋芋片及薯條上撒上海鹽會很美味。

每公斤的海水中
含有驚人的35克鹽分,
難怪海水嘗起來那麼鹹!

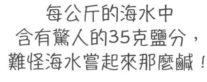

變鹹

海洋在38億年前開始形成時還是淡水。包括鈉、氯與鉀等這些海水中的鹽分,有部分是來自水底的火山噴發。而含有二氧化碳的雨水帶有弱酸性,也會將岩石中的鹽分沖刷出來。於是,雨水與河流就將鹽帶入大海了。

死海

物體在海水中會比在淡水中更容易漂浮，因此在海水中游泳會比較輕鬆！任何物體，只要比它所在液體的密度低就能浮起來。死海是最鹹的天然水域之一，它與約旦、以色列以及約旦河西岸接壤。在阿拉伯語中，它被稱為Al-Bahr Al-Mayyit，意思是「死亡之海」，聽起來很嚇人吧！

其實這個名稱也是事實，因為大多數的生物都無法生存在這麼鹹的水域中。任何從河流帶入死海的魚類很快就會死亡，只有少數的細菌可以存活。這是個游泳的好地方，因為密度高的水讓人輕輕鬆鬆就能浮起來。

結冰

海水結冰的溫度低於淡水，因為鹽會降低水的冰點。海水約於攝氏-2度會結冰，而淡水的冰點則是攝氏0度。在溫度極低的兩極附近，海水也會結冰。北極的冰帽就是由結冰的海水所形成。

岩石

岩石是構成地球外層被稱為地殼的固體。
少了岩石，就不會有我們賴以生活的土地！
你曾經仔細觀察過不同的岩石嗎？
海灘是觀察岩石的好地方。
因為海浪會從各地帶來岩石，並將它們沉積在卵石海灘上。

礦物

礦物是地底與水中存在的天然固體。它們有時只含單一元素，但通常是化合物。岩石是礦物所形成的混合物。

許多岩石是由小沙礫所構成，所以岩石也可以崩解成顆粒，形成沙子。地球表面的岩石會受到水、天氣，甚至風的侵蝕。下次到海灘時，記得好好仔細觀察一撮沙子。

用放大鏡仔細觀察，你就會發現每撮沙子裡都含有許多不同的岩石微粒。

岩石形成的方式有好幾種。依據形成方式的不同，岩石主要可以分成三大類：沉積岩、變質岩、火成岩。

沉積岩

當沙子、泥漿與生物遺骸沉積黏合在一起時，就會形成沉積岩。碎粒經由水堆積並形成緊壓的混合物，再經硬化後就形成岩石。

砂岩是一種由岩石崩解的顆粒所形成的沉積岩。泥岩與頁岩是由硬化的泥漿所形成，而白堊則是由微小海洋貝類的殼所形成。化石存在沉積岩中，它們是死亡生物沉入水底或泥漿底部，且其組織逐漸被礦物取代所形成。

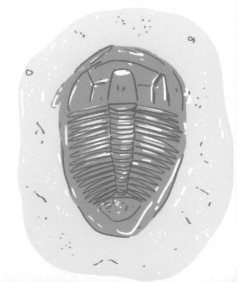

火成岩

在地球內部受熱而熔化的岩漿冷卻時，就會形成火成岩。在地球內部熔化的岩石，稱為岩漿。岩漿從火山噴發出來後凝固硬化，也可以稱為熔岩。

岩漿在地底下冷卻的過程非常緩慢，因此有時間形成**結晶**。結晶體是種結構規則的礦物。岩漿在地底下冷卻所形成的是深成型火成岩，這些岩石通常含有肉眼可見的大結晶體，花崗岩就是其中一種。

岩漿從火山噴發後，經冷卻硬化就會形成火山岩，也就是科學家所稱的噴出型火成岩。這類岩漿冷卻快速，較無時間形成結晶。玄武岩是一種有小晶體的火山岩。另一種火山岩黑曜岩則完全沒有結晶。世界上有超過700種不同的火成岩！

 ## 變質岩

當地殼的壓力與熱造成岩石中的礦物發生改變時，就會形成變質岩。這就是為什麼這種岩石會稱為「變質」岩。

變質岩的前身可能是沉積岩、火成岩或變質岩。大理石就是著名的變質岩之一，它是石灰石變質所產生。

?

化學新鮮事

「礦石」是指內含有用礦物、金屬和寶石的岩石。

← 熔岩／岩漿

岩漿

礦物

礦物是環境中所形成的天然固體。
礦物構成岩石。礦物與岩石的不同之處在於，
礦物的化學結構自始至終都是相同的。
礦物可以由單一元素構成，例如金（Au）或銅（Cu），
也可以由數個元素組合而成。
研究礦物的科學家稱為礦物學家。

 ## 無機

礦物是無機物質，這表示它們不是動植物這類生物。它們通常具有結晶組織。地球上有許多礦物，但科學家主要將礦物分成2類：矽酸鹽類與非矽酸鹽類。矽酸鹽類含有矽及氧，並構成高達90%的地殼。

非矽酸鹽類包括：

 ## 氧化物

鉻鐵礦（$FeCr_2O_4$）是由氧（O）、鉻（Cr）和鐵（Fe）組成的氧化礦物。

 ## 碳酸鹽

碳酸鈣（$CaCO_3$）是一種在珊瑚骨骼、蝸牛殼與牡蠣殼中會發現的碳酸鹽礦物。

 ## 硫化物

黃鐵礦（FeS_2）是一種由硫（S）及鐵（Fe）所組成的硫化礦物。黃鐵礦也稱為愚人金，因為它看起來有點像黃金。

 ## 鹵化物

我們在菜餚裡撒的鹽（NaCl）就是一種鹵化物。它是由鹵素氯（Cl）及鈉（Na）所形成。

莫氏硬度表

越往下，硬度越高

 1) 滑石

 2) 石膏

 3) 方解石

 4) 螢石

 5) 磷灰石

 6) 正長石

 7) 石英

 8) 黃玉

 9) 剛玉

 10) 鑽石

科學家依據礦物的特性來描述礦物：

硬度

科學家使用莫氏硬度表1到10級來描述礦物有多硬，1表示最軟，10表示最硬。若礦物很容易就有刻痕，它就是軟的；若不是，它就是硬的，例如鑽石就是最硬的礦物，因此它在莫氏硬度表上就是10級。

光澤

光澤表示礦物反光的程度。可以用無光澤、金屬光澤、金剛光澤或玻璃光澤等等來描述。

比重

比重（SG）是指礦物的密度。水的比重是1，礦物都拿來跟水做比較，比如說石英的比重就是2.7。

條痕

條痕是指礦物劃過粗糙表面（例如瓦片）所留下的痕跡。礦物所留下的顏色粉末就是條痕。奇特的是，有些礦物條痕的顏色與礦物本身的顏色並不同！

解理

這是指礦物碎裂時會變成什麼模樣。根據礦物的結構，有些會碎成片狀，有些可能會碎成小塊狀。

顏色

不同的礦物有不同的顏色，這取決於礦物所含的元素！同一種礦物可能會因為含有微量雜質而有不同的顏色，像是剛玉就會形成紅寶石或藍寶石。

化學新鮮事

寶石是稀有礦物，例如綠寶石、紅寶石、藍寶石或鑽石。這些寶石會被切割及拋光，並常製作成首飾。

化石燃料：石油

石油是化石燃料，是由幾百萬年前死亡的動植物遺骸所形成。
浮游生物與植物死亡後沉入海底，
被掩埋在層層泥土與沙石下，經過幾百萬年的時間，
在壓力與熱的作用下逐漸轉變成石油。

原油上方的泥土與泥沙因為受力而轉變成頁岩。
石油在受到壓力的情況下穿過頁岩裂縫，
向上到達無法穿透的岩石，這些岩石就稱為蓄油岩。
石油聚集在此處，直到被發現開採出來。
石油通常存在於古代海洋貝類所形成的化石帶中。

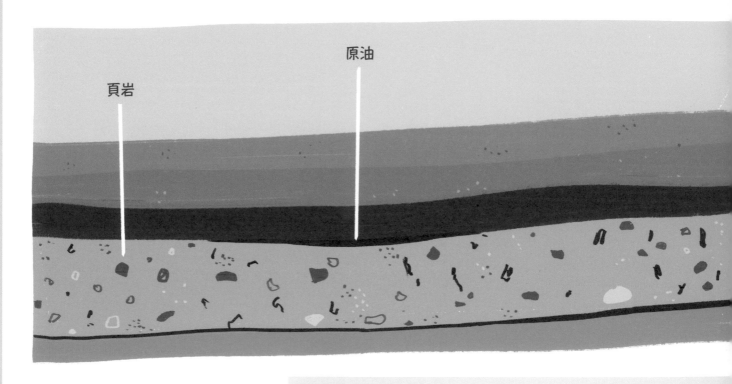

石油

地質學家是透過震波測勘（透過岩石傳送震波）來尋找石油。然後他們會進行探勘測試，以確認找到的石油儲量是否具有商業價值，也就是裡頭的石油是否多到值得開採。

原油

原油是指從地底下開採出來的濃黑色液體。它是由碳氫化合物所組成。碳氫化合物是由氫原子與碳原子組成的長串分子。這些碳氫化合物經由蒸餾分離成較不易燃燒的厚聚合物（例如用於製造塑膠的聚合物），以及容易燃燒的揮發性燃料。聚合物是由許多小分子首尾相連所形成的大串分子。

由原油製成的揮發性燃料包括：

石油	柴油
煤油	航空燃油

液化石油氣 (LPG)

管道

使用大型管道就能輕鬆輸送石油。不過這麼做本身就有問題，因為大型管道穿過自然區域會對環境造成衝擊，因此這種輸送方式始終受到爭議。

哪裡有石油？

世界上大部分的石油產自沙烏地阿拉伯、俄羅斯、美國部分地區、中國、伊朗與伊拉克。北海海床也有開採石油的大型鑽油平台。

發電

石油會與氧反應而燃燒。燃燒釋放的能量可以用來驅動引擎，以及提供光與熱。

石油也能用來發電！燃燒石油來加熱水會產生蒸氣。蒸氣驅動渦輪，渦輪的葉片就會轉動。渦輪連接至發電機，發電機就利用這股力量發電。以這種方式發電的成本，會比燃燒煤炭與天然氣來發電更為昂貴。

溫室氣體

石油是化石燃料，化石燃料燃燒時會產生溫室氣體二氧化碳。遺憾的是，溫室氣體會造成氣候變遷與污染。

石油不是再生能源，我們無法再製造出更多的石油。一旦石油用盡，就沒有了！原油會用來生產包括膠塑在內的大量消耗品。在原油耗盡前，工業必須先找到替代用品。

化石燃料：煤炭

煤炭是由古代沼澤森林的遺骸所形成。
植物死亡時會倒臥在沼澤中被淤泥層層掩埋，
隨著淤泥越積越多，
這些泥層的壓力就會慢慢將遺骸轉變成煤炭。

每年從地底開採出來的煤礦達驚人的40億公噸。
全世界許多地方都能找到煤礦，
包括澳洲、中國、英國北部、印度、波蘭、
俄羅斯、蘇格蘭、威爾斯與美國。

 ## 發電

燃燒煤炭可以釋出熱能。煤炭是世界上發電的最主要原料，約40%的電力都是由煤炭產生。燃燒煤炭來加熱鍋爐，鍋爐就會產生蒸氣，再帶動渦輪發電。

煤炭不是再生能源，一旦用完就沒有了。化石燃料燃燒時會產生二氧化硫（SO_2）、二氧化碳（CO_2）等溫室氣體，進而造成氣候變遷。燃燒化石燃料還會造成酸雨並污染水源。

 ## 碳

煤炭是碳（C）所形成。煤炭中還含有少量的氧（O）、氫（H）、氮（N）及硫（S）等元素。不同類型的煤炭的含碳量也不同。

無煙煤是一種非常堅硬且具有光澤的煤炭。無煙煤的含碳量高達86%~98%，燃燒時會產生藍色火焰。無煙煤與大多數其他類型的煤炭都不同，因為它存在於變質岩中，而像褐煤之類的其他煤炭則存在沉積岩中。褐煤的含碳量大約是75%。

 ## 煤礦工

採礦是個危險的職業，因為礦坑有崩塌的危險，在裡頭工作也會造成肺部損傷。

化石燃料：天然氣

天然氣是另一種化石燃料，
它是從史前動植物等有機物經泥層掩埋形成所釋放。
天然氣通常與石油一起存在頁岩中。

天然氣無色無味且比空氣輕。
它有時會從地底的裂縫竄出並起火。
有人認為正是因為人們看到天然氣自然起火，才發現它可以作為燃料。
今日，地質學家會在頁岩中尋找天然氣，
然後在可能的地方挖井探勘。

 ## 壓裂法

水力壓裂法是一種具爭議性的天然
氣開採法。壓裂法使用加壓流體破
壞岩層或讓岩層產生裂縫，以便讓
天然氣（有時還有石油）從頁岩中
竄出。

2010年左右，全球有60%的新天
然氣井與油井，都是使用水力壓裂
法在岩石上施力產生新管道來開採
燃料。世界各地目前都有在使用水
力壓裂法。

儘管以水力壓裂法開採天然氣的價
格較為低廉，卻會對環境造成極大
衝擊。它會造成地下水污染，以及
大面積的地下岩層受損。

使用水力壓裂法還會將其他有害化
學物質帶到地表，影響空氣品質。
目前已有許多國家禁止使用這種開
採方式。

好臭！

天然氣由多種不同氣體組成，包括甲烷（CH_4）、二氧化碳（CO_2）、丁烷（C_4H_{10}）、丙烷（C_3H_8）和氮（N）！天然氣本身沒有味道，但基於安全理由所以加了一點氣味進去，好讓人們在天然氣外洩時可以聞到。

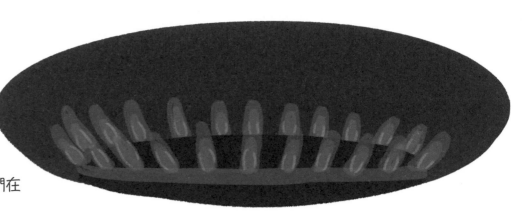

燃氣動力

天然氣會與氧反應引發燃燒，並釋放出能量。許多家庭的暖氣與廚房爐具使用的就是天然氣，而有些電廠也會使用天然氣來發電。燃燒天然氣所產生的熱會驅動渦輪，而渦輪又會帶動發電機，將動能轉變成電能。

燃燒天然氣所產生的餘熱還可以用來加熱水，接續產生蒸氣驅動更多的發電機，產生更多的電！這是對有限資源的有效利用。天然氣也能用來製造肥料與塑膠之類的產品。

開採

天然氣從地下開採出來時還會摻雜水、其他化學物質，甚至石油。這些雜質都要除去，天然氣才能使用。

管道

天然氣是經由地下管道輸送。鋪設管道會對環境造成衝擊，開採時也為環境帶來破壞，使得野生動植物受到干擾。

哪裡有天然氣？

天然氣最先是在中東的伊朗發現。今日世界上有許多地方都有發現天然氣，包括非洲、東歐、俄羅斯、北美及南美、北海與愛爾蘭海。

這種化石燃料不是再生能源，一旦用完就沒有了。

溫室氣體

就像其他化石燃料一樣，天然氣也會產生溫室氣體，造成氣候變遷。不過，天然氣被稱為是最「乾淨」的化石燃料，因為它幾乎不會產生其他類型的污染。

金屬

研究金屬的科學稱為冶金學。
金屬是堅固且具有彈性的固體，
經常從地底大礦坑所挖掘到的礦體中發現。
要將金屬從礦體中取出，需將岩石壓碎並加熱至高溫，
這個加熱的過程就稱為冶煉。

性質

金屬是電和熱的良好導體，而像銅之類的某些金屬傳導性更佳，所以會被使用在電路中。導電性指的就是可以讓電流通過物質。金屬通常會發出響亮的聲音，敲擊金屬時會聽到如鈴聲般的響亮聲音。

金屬的可塑性佳，這代表金屬可以打成薄片。金屬的延展性也很好，所以它們也可以拉伸成細線。金屬很堅固，所以能夠製成橋梁及汽車，甚至製成硬幣，因為它們不會因為經常使用就磨損。

鍵結

金屬原子間的鍵結力非常強大，因此金屬具有可彎性與傳導性。

除了汞（Hg）之外，所有的金屬在室溫下都是固體（汞在室溫下是液體）。金屬原子間的強力鍵結賦予大多數的金屬高熔點。不過金屬還是可以熔化倒入模具中，製成零件、工具、機械與電子產品。

各式各樣的金屬：

鹼金屬

這種活性大的金屬，在空氣中容易腐蝕或分解。鹼金屬與空氣中的氧結合，就會產生氧化反應。鋅（Zn）、銅（Cu）、鉛（Pb）與錫（Sn）都是鹼金屬。

你知道「錫」罐頭其實是由多種金屬加工製成的嗎？大多數的飲料罐是鋁罐（全球75%的飲料罐都是鋁罐）。大多數的食物罐頭，則是由鍍錫或鍍鉻的鋼製成。

化學新鮮事

銅生鏽時會變成藍綠色，這是因為它發生了氧化反應。這是銅與空氣中的氧結合產生氧化銅的一種化學反應。

古羅馬人與希臘人會故意讓銅生鏽，並使用這種稱為銅綠的物質作為繪畫及染色用的綠色顏料。

貴金屬

貴金屬都是惰性金屬，例如鉑（Pt）、金（Au）、銥（Ir）、鈀（Pd）及銀（Ag）。

貴金屬抗腐蝕也抗氧化，而且因為很稀有所以很有價值。貴金屬常常製成項鍊、耳環與戒指，或運用在科技上。

鐵金屬

鐵金屬指的是鐵以及鐵合金。鐵會被磁力吸引，所以鐵金屬當然也會。鋼、鑄鐵及生鐵都是鐵金屬。鋼主要是由鐵（Fe）、碳（C）及錳（Mn）製成。

合金

合金是結合2種以上元素的金屬。
合金是混合物，結合了不同金屬的性質。
生產合金的目的，是為了製造更堅固且不會腐蝕的金屬，
以便應用在各個方面。
鋼是最常使用也最廣泛製造的合金之一。
鋼是由鐵加上各種不同的成分所製成。
在工業及建築業中，鋼通常是由鐵和碳結合製成。

看看周遭，你可能會在廚房抽屜中找到不鏽鋼這種鋼材。
不鏽鋼是由鋼和鉻製成，不會生鏽而且容易清洗。

鋁合金

只要你喝過罐裝汽水，那你就不
會對鋁合金感到陌生。人們會
將鋁與矽及銅這類元素結合在一
起，製成合金。

鋁合金不會生鏽而且非常輕盈，
所以非常適合作為包裝材質。鋁
合金就很適合拿來製造梯子與飛
機這類需要堅固且輕盈材質的工
具。

⊛ 黃銅

黃銅是由鋅及銅所組成的合金。你家可能就有一些黃銅製品，因為它經常被用來製成裝飾品與燭台。

⊛ 黃金

大多數可以穿戴的黃金飾品也都是合金。純金非常柔軟而且容易受損，所以金通常會與其他金屬混合以加強硬度。若有機會看看珠寶店的櫥窗，可以注意一下金飾上的標籤。數字越高，代表合金中的含金量就越高：24K金代表純金，18K金代表含金量75%，而9K金的合金量只有37.5%

化學新鮮事

目前所知的第一種合金，是早在青銅器時代便製造出來！在此之前的石器時代，人們還沒有用到金屬。青銅是錫和銅所組成的合金。

青銅可以用來製造工具、武器與器皿，以及可穿戴的飾品。今日，青銅也會用來製作雕像。

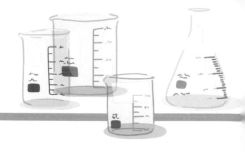

詞彙表

4畫

中子：在原子內的一種微小粒子，電荷為中性（不帶正電，也不帶負電）。

元素：單一種原子所組成的物質，比如鐵。

元素週期表：科學家用來排列化學元素的系統。

分子：由2個以上的原子所組成，是純物質可分割且仍保有物質化學性質的最小單位。

化學反應：1個以上的物質轉變成為1個或多個不同物質的過程。

化學方程式：科學家以符號說明分子內原子數量及類型的方式。

5畫

去氧核糖核酸（DNA）：去氧核糖核酸是存在細胞中的長串分子，它帶有生物結構與功能的指令。

可塑性：可彎曲並改變形狀的特性。

6畫

光合作用：運用水、二氧化碳與陽光為植物產生養分（葡萄糖）的過程。

光譜學：對於光穿透固體、液體與氣體的研究。光譜學讓科學家可以研究分子、電子、中子與質子這些微小粒子。

同位素：具有相同電子數與質子數，但中子數不同的原子，也因此同位素的物理性質會不同。

地質學家：研究岩石、礦物與地表各種地層的科學家。

有機物：生物。

色素：賦予物質顏色的物質。

8畫

呼吸：生物創造能量以求得生存的過程，過程中會涉及氧與二氧化碳等氣體的交換。

固體：一種物質狀態。分子處在固體時，無法像在處在液體或氣體時那樣流動。固體會維持一定的形狀。

奈米科技：研究奈米粒子的科學。

奈米粒子：肉眼無法看見的微小粒子。一個物質的奈米粒子有時會與大量同種物質的特性非常不同。

延展性：可打薄或拉伸且不會破裂的特性。

放射性：具有放射性的物質會產生輻射（帶有能量的微小粒子）。輻射對生物具有危險性，因為輻射會讓生物生病並使細胞受損。

放熱：化學變化過程中會釋放熱的現象。

法醫：運用生物、化學與物理方法檢視證據（例如指紋、血液與頭髮），以協助破案的專家。

物質：構成宇宙萬物的東西。所有物質都是由名為原子的微小粒子所組成。

物質狀態：固體、液體、氣體與電漿是物質狀態。物質會因分子排列形式的不同，而產生不同的狀態。

9畫

染色體：在動植物體內會發現的長串DNA分子，裡頭存有生物的部分或所有基因資訊。

活性：一個物質與其他物質發生反應的難易程度。

紅外線輻射：肉眼看不見，但可以感受到熱的一種能量。

重力：具有質量的兩個物體間相互吸引的作用力。

10畫

原子：化學元素中存在的最小粒子。

原子序：每個原子內的質子數量。原子序決定元素在週期表上的位置。

原子軌道：圍繞在原子核周圍，是電子以波動形式移動的地方。

氣體：一種物質狀態。氣體會像空氣那般流動。氣體可以填滿任何容器，因為氣體分子可以自由移動。

氧化：任何涉及電子移動的化學反應。失去電子的物質就是氧化了。

浮游生物：漂浮在海洋或湖泊這類水域中的微小動植物。

11畫

密度：物質的體積與其質量之間的關係。若一個物質又小又重，那麼它的密度就很大。

專利：賦予發明人在某個年限內是唯一擁有製造與銷售此發明之權利者的法律文件。

液體：一種物質狀態。液體分子可以自由流動（例如水），將液體倒入不同的容器中，它就會呈現不同的形狀。

細胞：每個生物都是由細胞組成。細胞是具有生命特質的最小單位。

12畫

單體：會與另一個分子反應形成較大分子的小分子。

結晶（體）：物質以重複模式組合在一起的固體物質。食用鹽與糖就是常見的結晶（體）。

絕緣體：用來阻止電流、熱或聲音，從一個導體傳遞到另一個導體的物質。

紫外線：太陽所形成的短光波。人類肉眼看不見，但有些昆蟲（例如蜂類）看得見。

13畫

傳導性：電、熱或聲音在物質上傳送的特性。

溶液：物質溶解在液體中所產生的東西。

溶解：固體與液體混合且固體消失不見時，就是固體溶解了。

溫室氣體：大氣中會將太陽能留滯下來的氣體，例如二氧化碳、氧化亞氮與甲烷。

煉金術士：研究如何將一般金屬等基本物質轉變成為黃金這類物質的人士。煉金術士也會研究魔法與占星術。

葉綠素：植物體內會經由光合作用吸收光線，並將光轉換成化學能量的綠色色素。

過濾：用來分離液體或氣態流體中之固體的過程。過濾器讓流體通過，留下固體粒子。

電子：原子中帶有負電荷的粒子。

電漿：一種物質狀態。將能量加入氣體中造成某些電子斷開並離開原子時，就會產生電漿狀態。

14畫

聚合物：非常巨大的長串分子。

蒸發：從液體或固體轉換成氣體的過程（例如在陽光照射下逐漸變乾的水坑）。

蒸餾：將沸點不同的數種液體所組成的混合物分離出來的過程。

酸：酸就是酸鹼值低的化學物質。酸的pH值小於7。

酸鹼值（ph值）：幾乎所有的液體不是酸性，就是鹼性。酸鹼值從0到14，0到7為酸性，7到14為鹼性。像純水這類中性質物的酸鹼值就是7。

15畫

潤滑劑：用來降低物體表面間之摩擦力的油膩或滑溜物質。

質子：存在原子核中的帶正電粒子。

質量：一個物體所含物質的量。

19畫

離子：帶有電荷的原子或分子。

20畫

礦物：天然形成且具有明確化學結構的無機固體。

23畫

體積：一個物質所佔據的空間。

24畫

鹼：任何pH值高於7的溶液就是鹼。鹼就是「酸」的反義詞。

索引

2畫
二氧化碳 50-51, 52-53, 54, 56, 60, 62

4畫
元素 20-21
元素週期表 20, 28-29, 66-85
分子 5, 7, 8, 9, 10-11, 14, 18, 27, 30-31, 49
分子間作用力 9
化石燃料 60, 102, 107, 116-121
化合物 22-23, 76, 107
化學反應 23, 45, 51, 62, 65, 79, 100-101
化學積木 26-45
天然氣 120-121
巴克明斯特富勒烯分子 55

5畫
去氧核糖核酸 (DNA) 31, 33, 34, 40, 56
布朗運動 18-19
本生博士 88
本生燈 88-89
生物化學 46-64
石油 60, 97, 102, 116-117, 120, 121
石墨 55

6畫
光合作用 52, 62, 108
冰點 15, 53, 91, 111
同位素 34-35
合金 25, 80, 81, 101, 107, 124-125
污染 59, 103, 109
自然界的化學物質 106-124

8畫
呼吸 50
固體 8-9
奈米粒子 36-37
岩石 112-113
拉瓦節 21
拉姆齊爵士 72
放射性同位素 34
波以耳 21
沸騰 16-17
物質狀態 6-24
物質狀態 7
空氣 108-109
表面張力 11
金屬 122-123

門得列夫 66
非金屬 68-69

9畫
後過渡金屬 84-85
食物鏈 62-63

10畫
原子 9, 10-11, 18, 22, 27, 28-29, 34-35, 44, 49
原子序 21, 67
核子武器 35, 83
氣候變遷 60
氣壓 16
氣體 12-13
氧 50-51, 58-59
氧循環 51
海水 110-111
臭氧 58-59, 108

11畫
密度 49, 57, 68, 73, 78, 111, 115
液體 10-11
混合物 24-25, 94-98, 112, 124
莫式硬度表 115
蛋白質 64-65
通用指示劑 44-45
鹵素 76-77, 82

12畫
氮 56-57
琥珀 33
鈍氣 20, 21, 66, 67, 72-73, 99

13畫
塑膠 33, 107
暗物質 67
溶液 24
溫室氣體 52, 60-61, 102, 108, 117, 119, 121
溫度 49
溫度計 90-91
煙火 104-105
煤炭 118-119
葉子 62, 63
葉綠素 62-63
過渡金屬 78-79
過濾法 94-95
電漿 7, 12

14畫
實驗室容器 92-93
實驗室設備與相關應用 86-105
熔點 14-15
碳 46, 54-55, 119
碳循環 54
聚合物 32
聚合約 27, 31-33, 64
蒸發 17, 95, 110
蒸餾法 96-97
酸 38-41
酸鹼值 (pH值) 38-39, 77
酸鹼值測量法 38-39, 44-45

15畫
層析法 98-99
膠體 25

16畫
凝聚力 11
鋼系元素 82-83

17畫
壓裂法 120
戴維爵士 76
黏滯性 10

18畫
醫學相關應用 4, 12, 34, 57, 73, 76, 101

19畫
爆炸 51, 102-103, 104, 117, 121
類金屬 80-81

20畫
懸浮液 25
礦物質 114-115

24畫
鹼 42-43, 77
鹼土金屬 76-77
鹼金屬 74-75

25畫
鑭系元素 82-83

27畫
鑽石 54